업무와 일상을 정리하는
새로운 방법 **노션**

Notion

개정2판

지은이 **전시진** milk@sireal.co / sireal.co

스마트워크와 생산성 도구를 취미처럼 즐기다 관련 업계에 취업까지 하게 된 IT/Tech 덕후입니다.
현재는 시리얼이라는 협업 툴 컨설팅 회사를 운영하며 노션, 구글 워크스페이스, 슬랙 등 협업 툴을
활용하여 조직의 업무 효율 향상을 위한 강의, 컨설팅, 콘텐츠를 제작하고 있습니다.

지은이 **이해봄** haebom@kakao.com / haebom.dev

디지털 마케팅, 개발 PM, 신사업 기획 등의 업무를 주로 맡아 진행합니다. 현재는 카카오브레인에서 프로
덕트 오너로서 여러 문제를 해결하고, 다양한 아이디어를 실제로 구현하면서 검증하는 일을 하고 있습니다.
취미의 일환으로 친구들과 함께 다양한 사이드 프로젝트를 진행하고 있습니다.

▸ 노션 한국 사용자 모임

https://www.facebook.com/groups/notion.so

▸ Notion A to Z 텔레그램 커뮤니티

https://bit.ly/notion_telegram

노션 Notion(개정2판)
업무와 일상을 정리하는 새로운 방법

ⓒ 2022. 전시진, 이해봄 All rights reserved.

1쇄 발행 2022년 11월 14일
5쇄 발행 2024년 12월 30일

지은이 전시진, 이해봄
펴낸이 장성두
펴낸곳 주식회사 제이펍

출판신고 2009년 11월 10일 제406-2009-000087호
주소 경기도 파주시 회동길 159 3층 / **전화** 070-8201-9010 / **팩스** 02-6280-0405
홈페이지 www.jpub.kr / **원고투고** submit@jpub.kr / **독자문의** help@jpub.kr / **교재문의** textbook@jpub.kr

소통기획부 김정준, 이상복, 안수정, 박재인, 송영화, 김은미, 배인혜, 권유라, 나준섭
소통지원부 민지환, 이승환, 김정미, 서세원 / **디자인부** 이민숙, 최병찬

진행 송찬수 / **교정·교열** 강민철 / **내지 및 표지 디자인** 책돼지
용지 신승지류유통 / **인쇄** 해외정판사 / **제본** 일진제책사

ISBN 979-11-92469-52-2(13000)
책값은 뒤표지에 있습니다.

제이펍은 독자 여러분의 아이디어와 원고 투고를 기다리고 있습니다. 책으로 펴내고자 하는 아이디어나 원고가 있는
분께서는 책의 간단한 개요와 차례, 구성과 지은이/옮긴이 약력 등을 메일(submit@jpub.kr)로 보내주세요.

업무와 일상을 정리하는
새로운 방법 **노션**

Notion

개정2판

생각 정리**부터** 업무 생산성, 협업 관리 도구를
노션 하나로!

일상 & 문서 정리

개인 블로그로 활용

프로젝트 관리

데이터베이스 관리

노션 공식 컨설턴트
전시진, 이해봄 지음

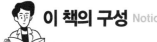 **이 책의 구성** Notion Certified Consultant가 추천하는 최고의 생산성 도구

저자는 생산성과 효율성으로 고민하는 여러분에게 최적의 도구로 Notion을 추천합니다.
이 책은 Notion을 처음 접하는 사용자를 위해 기본기부터 익히고, Notion의 다양한 기능을 제대로
사용할 수 있도록 체계적으로 구성했습니다.

기존 도구의 데이터를 Notion으로 옮겨올 수 있습니다!

Notion만 있으면 다른 생산성 도구를 사용할 일이 거의 없어집니다.

Notion이 무엇인지, 어떤 장점이 있는지 알아본 후

Notion 기본기부터 사용 중인 다른 도구에서

Notion으로 자료를 가져오는 방법까지

자세하게 설명합니다.

→ **Chapter 01, Chapter 02**

Notion의 꽃, 데이터베이스를 완전 정복할 수 있습니다!

Notion은 단순 메모 도구가 아닙니다. 최고의 협업 도구이자 업무 도구이기도 합니다. 그중
에서 단연 최고의 기능은 데이터베이스라고 할 수 있습니다. 클릭 한 번으로 형태 변형은 물
론이고, 엑셀 못지않게 다양한 함수를 사용하여 원하는 결괏값을 얻을 수 있습니다.

→ **Chapter 03, Chapter 04**

Notion을 Notion답게, 생산성 향상 팁과 협업 노하우를 배울 수 있습니다!

Notion이 생산성 향상 도구가 될 수 있는 것은 다양하고 활용도 높은 기능들을 포함하고 있기 때문입니다. 이 책은 Notion의 킬러 기능을 빠짐 없이 깔끔하게 정리해줍니다. 무엇보다 Notion을 Notion답게 활용할 수 있도록 다른 사용자와 협업 방법을 자세하게 알 수 있습니다.

→ **Chapter 05, Chapter 06**

드리는 말씀

- 이 책에 기재된 내용을 기반으로 한 운용 결과에 대해 지은이, 소프트웨어 개발자 및 제공자, 제이펍 출판사는 일체의 책임을 지지 않으므로 양해 바랍니다.

- 이 책에 등장하는 각 회사명, 제품명은 일반적으로 각 회사의 등록 상표 또는 상표입니다. 본문 중에는 ™, ©, ® 마크 등이 표시되어 있지 않습니다.

- 이 책에서 사용하고 있는 Notion은 2022년 10월 기준이며, 데이터베이스 등 일부 최신 버전을 반영했습니다. 독자의 학습 시점이나 환경에 따라 책의 내용과 다를 수 있습니다.

- 출간 이후 업데이트 내용은 017쪽의 [업데이트 안내]를 참고하세요.

- 책 내용과 관련된 문의사항은 지은이나 출판사로 연락해주시기 바랍니다.

  지은이: milk@sireal.co, haebom@kakao.com

  출판사: help@jpub.kr

차례

머리말

무궁무진하게 사용되는 Notion

처음에는 메모, 문서, 데이터베이스 정도로만 사용하던 Notion의 활용도가 점점 확장되고 있습니다. 다이어리, 가계부, 독서 기록을 비롯해 프로젝트 관리는 물론 홈페이지, 블로그, 논문 관리, 기업 온보딩 등 다양한 용도로 활용되고 있죠. 그뿐 아니라 Notion을 활용해 사업을 영위하기도 합니다. 실제로 저는 Notion을 활용한 다양한 주제로 강의를 하거나 템플릿을 판매하고 조직에서 협업 툴을 잘 활용할 수 있게 컨설팅해주기도 하죠. 또 Notion과 연동되는 외부 서비스를 개발해 사업을 운영하는 분들도 있습니다. 꾸준히 업데이트되며 다양한 기능을 갖춘 Notion은 더욱 많은 사람들을 끌어들이고 있습니다. 이 책을 통해 Notion의 가능성을 보고 실행할 수 있는 계기가 되었으면 좋겠습니다.

이 책이 나올 수 있게 도와주신 이해봄 님, 제이펍 출판사의 송찬수 님, 강민철 님, 그리고 새로운 기능에 대한 강의를 테스트할 때마다 날카로운 평가로 저를 더욱 강하게 만들어주시는 Sireal YouTube의 구독자분께 감사드립니다.

사용자가 함께 만들어가는 Notion

2017년 ProductHunt에서 Notion을 처음 발견했을 때가 떠오릅니다. 이후 데이터베이스 기능이 추가되고 Notion 본사와 이야기를 나누며 기능에 대해 제안하다 보니 Notion은 제가 가장 자주 사용하는 앱이 되어 있었습니다. Notion에 기여하고 싶은 마음에 2018년에 Notion 가이드를 번역하게 되었고 이후 2019년에 출판 제의를 받아 이렇게 책을 만들게 되었습니다. 당시 대학원, 회사일, NDC 발표 등의 일이 바빠 전시진 님께 SOS를 보낸 것이 지금까지 인연이 되어 이렇게 더욱 많은 분에게 Notion을 알릴 수 있었습니다.

그리고 2020년에는 Notion의 파트너가 되어 국내 대행사를 찾고 이어 첫 해외 출시 프로젝트에서 역할을 맡고 이후 Notion 코리아 리드 자리를 제안받게 되었습니다. 이에 힘입어 그간 많은 사랑을 받은 《업무와 일상을 정리하는 새로운 방법 노션 Notion》 개정 2판을 출간하게 되었습니다. 누구보다 열정적으로 Notion 커뮤니티를 이끌어주시는 전시진 님과 제이펍의 송찬수 님, 꼼꼼하시고 열정적인 강민철 편집자님과 함께 할 수 있어서 영광이었습니다.

Notion을 많은 분께 알려주시는 Notion 커뮤니티 분들과 앰배서더 분들 그리고 Notion 코리아 기업 영업을 총괄하시는 해열 님 덕분에 여기까지 올 수 있었습니다. 이 자리를 빌려, 늘 힘이 되는 김광섭 님, 송근창 님, 김혜주 님, 장한일 님, 박혜윤 님께 감사의 말씀 올립니다.

2022년 10월, **전시진**, **이해봄** 두 저자 올림

Notion 템플릿 갤러리

Notion에서 공식적으로 운영하는 템플릿 갤러리를 소개합니다. Notion 공식 홈페이지에서 **[프로덕트]** – **[템플릿 갤러리]** 메뉴에서 확인할 수 있으며 다음과 같은 주소로 접속할 수도 있습니다.

템플릿 페이지 바로가기: https://www.notion.so/ko-kr/templates

원하는 템플릿을 선택하고 [템플릿 보기] 후 [복제]를 클릭하면 내가 로그인한 Notion 워크스페이스로 해당 템플릿을 손쉽게 복사할 수 있습니다. 또한 상세 페이지에서 해당 Notion 템플릿을 제작한 제작자와 직접 소통할 수 있는 SNS 계정도 공유합니다.

이 페이지는 수많은 Notion 사용자들이 만든 다양한 템플릿으로 풍성하게 채워져 있으며 직접 만든 템플릿을 [템플릿 제출] 버튼을 통해 추가할 수도 있습니다. 해당 페이지는 매달 업데이트되니 종종 방문해서 유용한 템플릿을 얻어가세요.

비공식으로 운영되는 Notion 템플릿 공유 서비스에 올라오는 무료 및 유료 템플릿도 있으니 참고하세요.

Notion 무료 템플릿: https://sireal.co/templates
검로드 Notion 템플릿: https://sijin.gumroad.com

 ## Notion 업데이트 안내

Notion은 사용자의 요구에 따라 자주 기능을 업데이트하는 툴입니다. 다음 Notion 홈페이지의 새로운 기능 페이지에서 지난 버전과 새 버전의 업데이트 변동 사항을 확인할 수 있습니다.

새로운 기능 바로 가기: https://www.notion.so/ko-kr/releases

또한 트위터 @NotionHQ 계정을 팔로우하면 신속하게 Notion 업데이트 상황을 파악할 수 있습니다.

독자 여러분의 궁금증을 해결해드립니다

저자의 유튜브 동영상 강의

저자가 직접 운영하는 유튜브 채널 [시리얼]에서 다양한 업무 생산성 향상 도구 소개 및 Notion 사용 방법을 동영상 강의로 확인할 수 있습니다.

→ **https://www.youtube.com/sirealco**

저자가 운영하고, Notion 사용자와 교류할 수 있는 커뮤니티!

이 책의 저자가 운영하는 페이스북 그룹으로 국내 최대 Notion 사용자 모임입니다. Notion 사용자들과 자유롭게 교류하며 Notion 활용 팁을 배우거나 서로 공유하는 템플릿 정보도 얻을 수 있습니다. 사용자 편의를 위해 Notion 사용자 네이버 카페도 개설했으니 편리하게 관련 정보를 찾아보세요.

→ **https://cafe.naver.com/notionkr**

Chapter 01

업무 효율성을 높여줄
Notion 시작하기

Notion을 본격적으로 사용하기에 앞서 주요 특징부터 설치 및 가입 방법까지

가장 기초적인 부분을 알아봅니다.

이어서 다른 도구를 사용하던 사람들도 기존 데이터를 편리하게 활용할 수 있도록

Notion으로 데이터를 가져오는 방법도 살펴보겠습니다.

분산된 도구를 하나로 모아주는 Notion

Notion은 단순한 기능들을 조합해서 다양하게 활용할 수 있는 협업 툴입니다. 기본적으로 협업 툴에 초점이 맞춰져 있지만, 사용자에 따라 일상을 기록하는 개인 메모 도구로 쓰거나, 업무 효율성을 높여주는 생산성 도구로 쓰기도 합니다. Notion이 어떤 프로그램인지 자세히 알아보겠습니다.

▶ 개인 노트부터 기업의 협업 툴까지

Notion에 이르기까지 업무 환경의 변화는 한참 과거로 거슬러 올라갑니다. 사람들이 대규모 공장에서 일하던 산업 혁명 시대에 사무실의 풍경이 바뀌기 시작했습니다. 알아보기 힘든 글자들은 타자기로 입력하여 깔끔한 서식으로 대체되고, 사람의 기억에만 의존하던 업무 관련 내용은 문서와 파일 캐비닛으로 대체되었죠. 이런 아날로그 업무 환경은 1950

년대 컴퓨터의 등장으로 조금씩 변하게 됩니다. 하지만 이때 컴퓨터는 겨우 숫자를 계산해주는 큰 기계에 불과했습니다. 1970년대에 이르러서 개인용 컴퓨터(PC)가 등장하면서 문서 작성, 데이터 관리, 멀티미디어 등 무한한 활용성을 발견하게 되었죠. 그리고 스티브 잡스와 빌 게이츠에 의해 컴퓨터가 진화하여 거의 모든 사람들이 컴퓨터를 업무에 활용하는 오늘날에 이르게 된 것입니다. 이후 Google 문서는 타자기를 멀티플레이어로 만들었고, 드롭박스(Dropbox)는 파일 캐비닛을 실물이 아닌 클라우드로 옮겼습니다. 과장을 조금 보태자면 Notion은 바로 그다음 진화에 해당합니다. Notion을 이용하면 기존의 Google 드라이브, 드롭박스, 이미지, 영상 등 거의 모든 데이터를 하나의 작업공간에서 볼 수 있습니다.

Notion을 이용하면 제품 로드맵, 디자인 저장소, CRM(Customer Relationship Management) 등 모든 영역을 하나의 공간에서 협업할 수 있습니다. 이제 상상력을 마음껏 발휘해 수십 개의 업무 요소를 조합해 나만의 작업공간을 만들어보세요.

▶ Notion의 주요 특징

레고와 같은 블록(Block)으로 이루어져 있습니다_ Notion에서는 텍스트 블록, 번호 매기기 목록 블록, 글머리 기호 목록 블록, 페이지 블록, 이미지 블록, 표 블록 등 개체 하나하나가 모두 블록입니다. 이런 블록들을 왼쪽 또는 오른쪽에 갖다 놓고 블록 속에 다른 블록을 넣기도 하는 등 자유자재로 배치할 수 있습니다. 블록의 종류는 문서 편집을 위한 기본 블록, 데이터를 정리하는 데이터베이스 블록, 사진·동영상·음성 파일 등을 넣는 미디어 블록으로 크게 세 가지입니다.

클라우드 기술을 이용하여 iOS, Android, Windows, macOS 등 모든 운영체제를 지원합니다_ 거의 모든 기기에서 사용할 수 있고 모바일에서 작성하고 있는 내용은 실시간으로 동기화되어 데스크톱에서도 바로 확인할 수 있습니다.

다양한 문서 편집을 지원합니다_ 기본적인 문서 편집 도구로 제목 글자 크기, 번호 매기기 목록, 인용문뿐만 아니라 표, 캘린더, 보드, 리스트, 갤러리, 타임라인 보기 등의 데이터베이스 블록을 제공합니다. 표 보기로 된 하나의 데이터베이스에 정보를 입력해두면 캘린더, 보드 보기로 모양을 바꿔가며 볼 수 있습니다. 또한 이미지, 북마크, 동영상, 오디오, 코드, 파일 블록을 지원합니다.

임베드 기능을 제공합니다_ 임베드(Embed)란 외부에 있는 파일이나 웹사이트를 다운로드하지 않아도 Notion에 삽입하여 직접 내용을 확인할 수 있는 기능입니다.

가령 PDF 파일을 Notion에 넣으면 PDF 파일을 다운로드하지 않아도 Notion 자체에서 문서 내용을 모두 확인할 수 있죠. 임베드 기능을 통해 Google Drive, Twitter, GitHub Gist, Google Maps, Framer, InVision, Figma, Loom, Typeform, CodePen 등의 내용을 바로 확인할 수 있습니다.

Notion
02
편리한 사용을 위한
Notion 프로그램 설치하기

Notion은 웹에서 바로 사용할 수 있습니다. 하지만 좀 더 편리하게 사용하려면 Notion 클라이언트를 설치하는 것이 좋습니다. Notion에 처음 로그인할 때 설치 프로그램을 다운로드하는 과정이 있지만 아직 로그인 전이기 때문에 먼저 다운로드하고 설치해보겠습니다.

Notion 웹사이트(www.notion.so)에 방문하면 데스크톱용과 모바일용 설치 파일을 다운로드할 수 있습니다. 필요한 파일을 다운로드한 후 설치 파일을 더블클릭해서 실행하면 별도의 과정 없이 바로 설치가 완료됩니다.

▶ PC용 설치 파일 다운로드

Notion 웹사이트에 접속한 후 왼쪽 상단에 [다운로드] 메뉴에 마우스를 대고 [Mac & Windows]를 선택하면 운영체제에 따른 Notion 데스크톱 앱 설치 파일을 다운로드할 수 있는 페이지가 열립니다. 여기서 자신의 운영체제에 따라 [Windows용 다운로드]나 [Mac용 다운로드]를 클릭합니다.

▲ 다운로드 페이지

설치가 완료되면 Notion이 실행되며 로그인 화면이 열립니다. 로그인 방법은 027쪽의 '03. Notion 계정 생성하기'에서 자세하게 다루겠습니다.

▲ 설치 후 로그인 화면

▶ 스마트폰에 설치하기

스마트폰은 Android와 iOS를 지원합니다. 스마트폰에 설치할 때도 마찬가지로 Notion 웹사이트에 접속합니다. 홈페이지 상단에서 [다운로드] 메뉴를 클릭하고 [iOS & Android] 메뉴를 선택한 후 iOS라면 [App Store]를, 안드로이드라면 [Play Store]를 클릭합니다. 웹 페이지에서는 바로 모바일 앱을 설치할 수 없기 때문에 본인의 스마트폰에서 앱스토어 또 는 구글 플레이 스토어에 들어가 검색한 후 설치하기를 추천합니다.

▲ 모바일용 Notion 로그인 화면

Notion
03

Notion
계정 생성하기

Notion을 사용하려면 먼저 계정을 생성해야 합니다. 구글 계정을 이용하는 방법과 다른 이메일 계정을 이용하는 방법이 있습니다.

▶ 구글 계정으로 생성하기

웹사이트, 클라이언트, 모바일의 Notion 사이트에 접속하여 기존에 사용하고 있는 구글 (Google) 계정으로 로그인하면 됩니다. 다시 말해 별도로 가입하는 것이 아니라 구글 계정(Gmail 주소)과 그 비밀번호를 이용해 그대로 로그인하는 것입니다. 단, 임시 로그인 코드, 업데이트, 알림 등은 계정으로 등록한 이메일로 수신되기 때문에 언제든 쉽게 확인할 수 있는 이메일 계정을 사용하는 것이 좋습니다.

Notion 계정을 생성하려면 먼저 Notion 웹사이트(www.notion.so)에 접속하여 오른쪽 위에 있는 [무료로 Notion 사용하기]을 클릭하거나 앞서 설치한 Notion을 실행합니다. 아래와 같이 로그인 화면이 나타나면 [Google로 계속하기]를 클릭합니다.

이어서 구글 계정 로그인 화면이 나타나면 Notion 계정으로 사용할 구글 계정과 해당 계정의 비밀번호를 입력하여 로그인합니다. 이로써 가장 기본적인 계정 생성이 끝납니다. 이후 과정은 033쪽의 '프로필 설정 및 계정 생성 이후 기본 절차 둘러보기'에서 자세히 다룹니다.

깨알 tip ▶ Notion은 클라이언트를 다운로드하지 않더라도 웹 브라우저에서 사용할 수 있습니다. 이 경우 크롬(Chrome)을 권장합니다. 인터넷 익스플로러(Internet Explorer) 환경에서는 Notion을 사용할 수 없습니다.

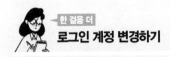

로그인 계정 변경하기

처음 생성한 Notion 계정은 추후 언제든지 다른 이메일 계정으로 변경할 수도 있습니다. 그러므로 어떤 이메일로 Notion 계정을 생성할지 너무 깊이 고민할 필요는 없습니다. 일단 임의의 계정으로 생성한 후 나중에 자주 사용하는 이메일 계정으로 변경하면 됩니다.

로그인 계정(이메일 주소)을 변경하려면 Notion에 로그인한 후 왼쪽 사이드바에서 [설정과 멤버]를 클릭합니다. 설정 창이 나타나면 왼쪽에서 [내 계정]을 클릭하고 개인 정보 항목에서 [이메일 변경]을 클릭해서 변경할 이메일 주소를 입력합니다.

이메일 변경 창이 열리면 [인증 코드 전송]을 클릭합니다. 이때 현재 로그인한 이메일 주소로 인증 코드가 발송되는데, 해당 인증 코드를 복사한 후 Notion 창에 붙여넣고 [계속]을 누르세요. 그 후 새로운 이메일 주소를 입력하고 인증 코드를 받습니다. 새로운 이메일에 수신한 인증 코드를 복사한 후 이전과 같이 붙여넣으면 로그인 이메일을 변경할 수 있습니다.

▶ 다른 이메일 계정으로 생성하기

구글 계정이 아닌 다른 이메일 주소를 사용해서 Notion 계정을 생성하려면 별도의 임시 로그인 코드를 받아서 가입해야 합니다. 구글 계정을 사용할 때에 비해 절차가 다소 까다롭습니다.

01 Notion 웹사이트(www.notion.so)에 접속하여 오른쪽 상단 [무료로 Notion 사용하기]를 클릭합니다. 이메일 입력란에 Notion 계정으로 사용할 이메일 주소를 입력한 다음 [이메일로 계속하기]를 클릭합니다.

02 비밀번호 입력란에 이메일 비밀번호를 입력하고 [비밀번호로 계속하기]를 클릭하면 계정 생성이 완료됩니다.

▶ 애플 계정으로 가입하기

맥, 아이폰, 아이패드 등 애플(Apple) 제품을 사용할 때 필요한 애플 계정으로 가입하고
Notion을 이용할 수 있습니다.

01 Notion 웹사이트(www.notion.so)에 접속하여 오른쪽 상단 [무료로 Notion 사용하기]를 클릭
합니다. [Apple로 계속하기]를 클릭합니다.

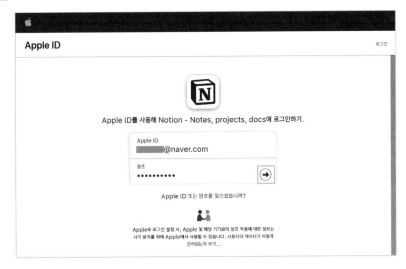

02 아이디와 암호를 입력하고 [→] 버튼을 클릭합니다.

03 확인 코드를 입력합니다.

04 [나의 이메일 공유하기]를 선택하고 [계속] 버튼을 클릭합니다.

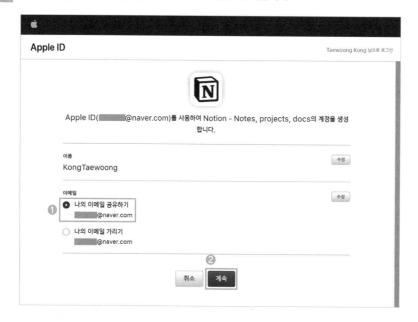

▶ 프로필 설정 및 계정 생성 이후 기본 절차 둘러보기

앞에서 진행한 계정 생성을 완료하면 곧바로 프로필 설정부터 클라이언트를 다운로드할 수 있는 절차가 진행됩니다.

프로필 설정_ Notion 계정 생성 후 이어지는 첫 번째 과정은 원활히 협업하기 위한 프로필 설정입니다. 본인의 이름과 로그인 시 사용할 비밀번호를 입력한 후 **[계속]**을 클릭합니다(구글 계정으로 등록한다면 이 과정은 생략됩니다).

> **깨알 tip** 이름은 왼쪽 사이드바에서 [설정과 멤버]를 클릭하고 설정 창에서 [내 계정]을 클릭하면 변경할 수 있습니다.

본인 소개_ 자신의 직무, 역할, Notion을 사용하는 목적을 입력하면 입력한 내용에 맞게 템플릿을 제공합니다. 자신이 선택한 직무뿐만 아니라 모든 템플릿을 이용할 수 있기 때문에 자신에게 적절한 답변을 선택한 후 **[계속하기]**를 클릭합니다.

워크스페이스 설정_ 워크스페이스(작업공간)를 팀용으로 사용할지 개인용으로 사용할지 선택한 후 [계속]을 클릭합니다.

개인용_ 개인용으로 선택한 경우 Notion의 첫 화면이 나타납니다.

팀과 사용_ 팀과 사용을 선택한 경우 워크스페이스를 생성하는 화면이 나타납니다. [**로고 추가**]를 클릭하면 컴퓨터에 저장된 사진 파일을 불러와 변경할 수 있습니다. [**워크스페이스 이름**]을 입력한 후 [**계속**]을 클릭합니다.

팀원 초대하기_ 팀원을 초대할 수 있는 페이지가 나타나고, 동료에게 [**공유 링크 복사하기**]를 클릭하여 워크스페이스 링크를 복사해 전달해보세요. 팀원은 해당 링크를 클릭하면 자동으로 워크스페이스에 등록됩니다. 또는 동료의 이메일 주소를 입력하여 워크스페이스 초대장을 전송할 수도 있습니다. 동료를 모두 초대하고 [**Notion에 접속하기**]를 클릭하면 Notion의 첫 화면이 나타납니다.

깨알 tip 동료 초대는 나중에 얼마든지 진행할 수 있습니다. 처음부터 동료를 초대하기 부담스럽다면 초대하지 않고 [Notion에 접속하기]를 클릭해 건너뛰어도 됩니다.

▶ 프로필 변경하기

Notion 안에서 동료들과 협업할 때 자신을 나타내는 아이콘(사진)과 이름은 계정을 생성할 때 설정한 프로필에 따라 표시되며, 프로필 생성 후에도 수정할 수 있습니다. 사이드바에서 [설정과 멤버 – 내 계정]에 들어오면 아래와 같은 모습이 나타나는데, 프로필 사진을 클릭해서 원하는 이미지로 교체하고 [선호하는 이름]을 입력하면 수정됩니다.

워크스페이스 아이콘 변경하기_ 사이드바 최상단에 있는 워크스페이스의 아이콘도 원하는 이미지로 변경할 수 있습니다. 사이드바의 [설정과 멤버 – 설정]을 클릭한 다음 아이콘을 클릭해보세요. 이모지, 컴퓨터에 저장된 이미지, 이미지 주소 등으로 워크스페이스 아이콘을 변경할 수 있습니다.

Notion 시작 화면_ 계정 생성 및 기본 설정 과정이 끝나면 아래와 같이 Notion의 첫 화면에 진입합니다.

Notion 요금제 및
유료 결제하기

우리가 흔히 사용하는 네이버 MYBOX, Google Drive와 같은 클라우드 서비스는 용량에 따라 비용 차이가 발생합니다. 하지만 Notion은 협업 도구이므로 사용하는 인원과 기능, 권한에 따라 무료, 플러스, 비즈니스, 엔터프라이즈 요금제로 구분됩니다.

▶ 요금제 살펴보기

무료 요금제_ 블록 수 제한 없이 블록을 생성하여 Notion을 이용할 수 있습니다. 블록당 5MB의 파일 용량 제한이 있으나 파일 개수의 제한은 없으므로, 대량의 파일을 업로드할 수 있습니다.

무료 요금제에서는 협업을 위해 Notion 계정을 가지고 있는 외부 사용자(게스트)를 10명까지 초대할 수 있으나, 이미 10명이 초대된 상태에서 새로운 사람을 초대하기 위해 기존에 초대된 사용자 중 누군가를 내보내는 방법으로 최대 10명을 맞춰야 합니다. 초대할 수 있는 권한은 읽기, 댓글 허용이 있습니다.

이외에도 페이지와 별개로 최상의 페이지를 폴더링할 수 있는 팀스페이스 기능과 수정 및 삭제 내역을 되돌리는 페이지 기록 기능을 사용할 수도 있습니다. 단, 페이지 기록 기능은 7일까지만 가능하며, 그 이상의 기록은 요금제를 업그레이드해야 합니다.

깨알 tip 무료 요금제 사용 중에 멤버를 초대하면 자동으로 플러스 요금제로 업그레이드됩니다. 실수로 멤버를 추가했다면 초대한 멤버를 모두 내보낸 후 결제일 전에 사이드바에 있는 [설정과 멤버 – 요금제]로 이동하여 무료 요금제로 다운그레이드합니다.

플러스 요금제_ 조직 또는 기업에서 협업 도구로 가장 많이 사용하는 요금제입니다. 멤버 수에 따라 매월 $10, 1년 단위 결제 시 $96(매월 $8)입니다. 무료 요금제와 달리 블록당 파일 용량의 제한 없이 업로드할 수 있으며, 초대할 수 있는 게스트 인원이 100명까지 늘어납니다. 또한, 게스트에게 편집 허용 권한을 부여할 수도 있으며, 페이지 기록은 30일까지 가능합니다.

무엇보다 [설정과 멤버 – 멤버 – 그룹]에서 원하는 그룹을 생성한 후 멤버를 추가할 수 있으며, 그룹별 권한을 설정할 수 있습니다.

비즈니스 요금제_ 조직 또는 기업에서 사용하는 요금제로, 멤버 수에 따라 매월 $18, 1년 단위 결제 시 $180(월 $15)입니다. 플러스 요금제와 가장 큰 차이점은 비공개 팀스페이스입니다. 무료나 플러스 요금제에서도 팀스페이스 기능을 사용할 수 있으나 비공개로 설정할 수는 없습니다. 비공개 팀스페이스를 만들면 초대받은 사용자만 접근할 수 있기 때문에 보안이 필요한 내용들을 보관할 때 유용합니다.

이외에도 워크스페이스의 내용 전체를 PDF로 내보내거나 인증을 받은 사람만 로그인할 수 있는 SAML SSO 기능을 사용할 수 있고, 페이지 기록은 90일, 게스트 초대는 250명까지 확장됩니다.

엔터프라이즈 요금제_ 강력한 보안이 필요한 기업에서 사용하는 요금제입니다. 위에서 소개한 모든 기능을 이용할 수 있으며, 게스트 초대는 500명, 페이지 기록은 무제한으로 이용할 수 있습니다. 또한 보안 기능이 강화되었고, 감사 로그 기능을 통해 워크스페이스에서 일어나는 보안에 관련된 내용을 한눈에 파악할 수 있습니다. 콘텐츠 검색이라는 기능을 통해 웹에 공개된 페이지를 구분해 낼 수 있는 요금제로, 사용하려면 별도로 문의해야 합니다.

▶ 유료 요금제로 결제하기

무료 요금제를 사용하다 추가 기능이 필요하다면 언제든지 유료 요금제로 변경할 수 있습니다.

01 Notion을 실행한 후 왼쪽 사이드바에서 [설정과 멤버]를 클릭하고 다음과 같은 팝업 창이 열리면 사이드바에서 [업그레이드]를 클릭합니다. 원하는 유료 요금제에서 [업그레이드]를 클릭합니다.

깨알 tip 추후 소개하는 멤버 기능을 이용해 공유 중인 팀원이 있다면 무료 요금제를 사용할 수 없습니다. 이럴 때는 플러스 요금제를 사용하거나 팀원을 모두 제거한 후 무료 요금제로 변경해야 합니다.

02 다음과 같이 결제 방식을 선택하는 팝업 창이 나타납니다. 먼저 청구 기간에서 [연간]과 [월간] 중 하나를 선택합니다. [연간]을 선택할 경우 월별 과금액이 할인됩니다. 청구 정보와 결제 정보를 입력하고 결제 내역을 확인한 후 [지금 업그레이드]를 클릭합니다.

깨알 tip ▶ Notion은 해외 승인 가능한 카드(비자, 마스터카드 등)로만 결제가 가능합니다.

03 정상적으로 결제가 완료되면 팝업 창 사이드바의 [업그레이드]가 [요금제]로 변경되며, 추가로 결제 정보를 확인할 수 있는 [청구]가 추가됩니다. 다시 무료 요금제로 돌아가려면 추천 요금제에서 [모든 요금제 보기]를 클릭한 후 무료 요금제의 [다운그레이드]를 클릭하면 됩니다.

깨알 tip ▶ 유료 요금제로 전환한 후 [청구]를 클릭하면 결제 방법, 결제 단위(월/연), 결제 내역 등을 확인하거나 변경할 수 있습니다. 처음 설정한 결제 방법으로 자신도 모르는 사이 결제되고 있을 수 있으니 꼼꼼하게 확인하기 바랍니다.

▶ Notion AI 유료 요금제 사용하기

노션의 인공지능인 Notion AI를 이용
하면 다음과 같이 다양한 종류의 글쓰기
부터 시작해서 글 다듬기, 페이지 내용
요약하기 등의 명령을 실행할 수 있습니
다. Notion AI를 이용하는 좀 더 자세
한 방법은 이후 385쪽에서 소개합니다.
Notion AI는 일정 개수까지는 무료로
이용할 수 있지만, 계속해서 무제한으로
사용하려면 매월 비용을 지불해야 합니
다. 심지어 노션을 유료로 사용하고 있더
라도 Notion AI 비용은 별도입니다.

▲ Notion AI로 실행할 수 있는 다양한 기능

Notion AI를 구매하려면 유료 요금제를 선택할 때와 같은 방법으로 왼쪽 사이드바에서
[설정과 멤버]를 클릭하고 팝업 창이 열리면 **[업그레이드]** 또는 **[요금제]**를 클릭합니다. 그러
면 다음과 같이 현재 사용 중인 노션 요금제와 함께 Notion AI 사용 현황이 나타납니다.
여기서 **[AI 기능 구매]** 버튼을 클릭하고 결제 정보를 입력한 후 **[지금 업그레이드]** 버튼을 클
릭하면 매월 일정 비용으로 Notion AI를 무제한 사용할 수 있습니다.

▲ Notion AI 유료로 사용하기

▶ 무료로 교육 요금제 이용하기

학생과 교사 등 교육업에 종사하는 사람은 교육 할인을 적용하여 개인 프로 요금제를 무료로 사용할 수 있습니다. 자신의 학교 이메일 도메인이 '.ac.kr', '.edu'라면 아래의 방법을 따라 해보세요.

01 자신의 학교 이메일 계정으로 Notion에 회원가입합니다. 이때, 사용 용도를 [학교용]으로 선택해야 합니다.

02 학교용으로 가입했다면 이후 [설정과 멤버 – 업그레이드]를 클릭하고, 추천 요금제의 [모든 요금제 보기 →]를 클릭하면 모든 요금제를 확인할 수 있습니다. 스크롤을 아래로 내리면 아래와 같은 '학생과 교직원' 영역이 보입니다. 여기서 [교육 요금제 사용하기] 링크를 클릭합니다.

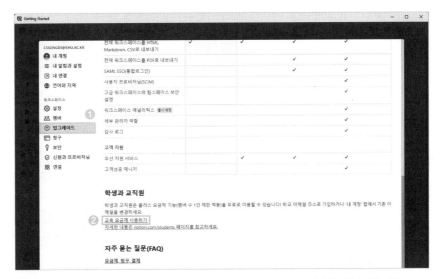

깨알 tip 교육 요금제와 관련된 자세한 정보는 https://notion.com/students에서 확인할 수 있습니다.

03 '자격 확인 중'이라는 팝업 창이 나타났다 사라지면서 다음과 같이 비밀번호 설정 창이 열립니다. 여기서 비밀번호를 변경하면 현재 가입한 학교 이메일 계정을 사용할 수 없게 되더라도 여기서 설정한 비밀번호로 로그인하여 Notion을 사용할 수 있습니다. 다시 말해 이메일 주소 비밀번호와 Notion의 비밀번호를 서로 다르게 설정하는 기능입니다. 이 기능을 사용하지 않으려면 빈 공간을 클릭해서 창을 닫습니다.

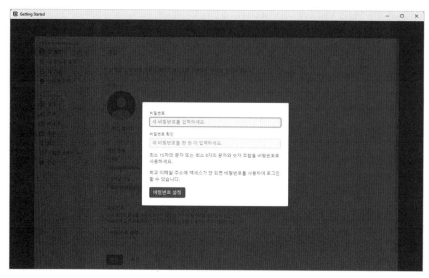

깨알 tip 여기서 비밀번호 설정을 하지 않더라도 추후 [설정과 멤버 – 내 계정]에서 [비밀번호 설정] 버튼을 클릭하여 변경할 수 있습니다.

04 비밀번호 설정 창을 닫으면 'Notion의 무료 교육 요금제에 가입되었습니다.' 라는 팝업이 나타나며 무료로 교육 요금제를 이용할 수 있습니다. [확인] 버튼을 클릭해 창을 닫으면 됩니다.

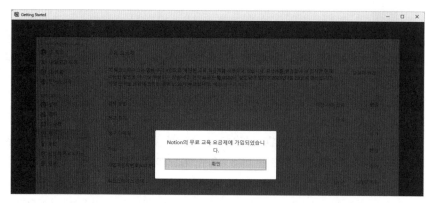

깨알 tip 자신의 학교 이메일 계정이 Notion에 등록되어 있지 않다면 team@makenotion.com으로 문의 메일을 보내 해결할 수 있습니다.

05 팝업 창을 닫으면 다음과 같이 교육 요금제로 사용 중임을 확인할 수 있습니다.

깨알 tip 교육용 계정을 갖고 있지만 다른 계정으로 가입했다면 [설정과 멤버 – 내 계정 – 이메일 변경]을 통해 이메일 주소를 학교 계정으로 변경해보세요. 위와 같은 방법으로 플러스(교육) 요금제를 사용할 수 있습니다.

▶ 스타트업 인증으로 6개월 무료 사용 혜택 받기

스타트업에서 Notion을 팀 요금제로 사용하고 싶은가요? Notion과 제휴된 엑셀러레이터나 VC에서 투자를 받은 스타트업이라면 스타트업을 위한 Notion 페이지(www.notion.so/ko-kr/startups)에서 신청해보세요. 무제한 Notion AI, 6개월 무료 사용 혜택을 받을 수 있습니다.

다른 도구에서 데이터 가져오기

Notion의 가장 큰 장점 중 하나는 다양한 도구의 통합입니다. 여러 도구에 흩어져 있는 데이터를 Notion에서 관리하면 생산성을 극대화할 수 있습니다. 기존에 사용하던 데이터를 Notion으로 가져오는 방법을 자세히 설명하겠습니다. 이제부터 데스크톱 Notion 화면으로 설명하겠습니다.

▶ 가져오기 기능 사용하기

외부 데이터를 가져오려면 대부분 가져오기 기능을 이용합니다. 먼저 Notion 왼쪽 사이드바의 [가져오기]를 클릭하거나 새 페이지를 만든 후 [가져오기]를 클릭합니다.

깨알 tip 새 페이지를 만들려면 사이드바 맨 하단에 있는 [+ 새 페이지]를 클릭합니다. 페이지에 대해서는 Chapter 02에서 다시 설명하겠습니다.

다음과 같이 가져오기 창이 열리면 가져올 데이터가 있는 도구를 클릭해서 선택합니다.

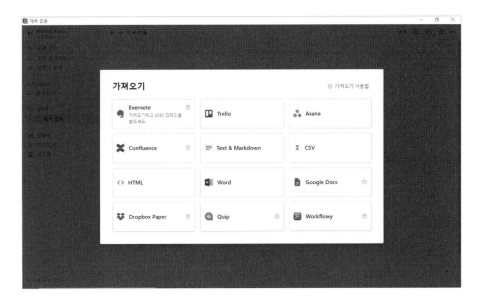

▶ Evernote에서 가져오기

Evernote는 Notion과 견줄만한 대표적인 노트 및 생산성 도구입니다. Evernote의 데이터를 Notion으로 가져오면 Notion만의 강력한 기능인 데이터베이스 블록에 자동으로 입력되어 들어오기 때문에 리스트 보기로 들어온 노트들을 표 보기, 캘린더 보기 등으로 바꿀 수 있고, 필터나 정렬을 적용하여 원하는 태그만 필터링하여 볼 수도 있습니다. Evernote 데이터를 Notion에 가져오려면 계정을 연동해서 가져오는 방법, HTML로 내보내서 가져오는 방법 중 하나를 선택할 수 있습니다.

계정 연동해서 가져오기

계정을 연동할 경우 Evernote 내 노트 정보와 함께 이미지 파일들을 모두 가져올 수 있지만 Evernote의 노트북 단위로 가져오기 때문에 원하는 노트만 선택해서 가져올 수 없습니다. 그러므로 특정 노트를 가져오거나 노트에 포함된 태그, 노트 생성 일자 등의 정보를 가져오고 싶을 때 계정을 연동하는 방법을 이용하면 됩니다.

01 가져오기 창에서 [Evernote]를 클릭하면 로그인 팝업 창이 열립니다. 여기에서 데이터를 가져올 Evernote 계정에 로그인합니다.

02 Evernote에 로그인하면 Notion에서 Evernote 계정에 접근을 요청하는 창이 열립니다. Notion 의 접근을 허락하는 기간(1일, 1주, 30일, 1년)을 선택한 후 [인증]을 클릭합니다.

> **깨알 tip** 이 인증은 Notion에서 Evernote에 접근해서 노트를 수정할 수 있는 권한을 부여하는 절차입니다. 이 절차를 거치면 노트, 노트북, 태그의 생성, 업데이트, 나열, 검색 권한을 가지게 되며, 노트북/태그 삭제, 노트 영구 삭제, 계정 정보 확인 및 업데이트 권한은 제외됩니다.

03 연동 절차가 끝난 후 가져오기 창에서 다시 [Evernote]를 클릭하면 연동된 Evernote 계정에 있는 노트북 목록이 표시됩니다. 여기서 Notion으로 가져올 노트북에 체크한 후 [가져오기]를 클릭합니다.

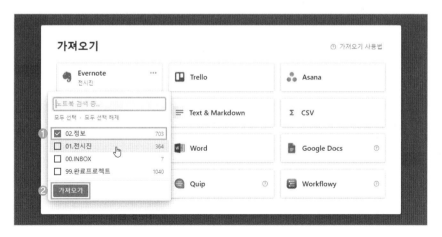

04 사이드바를 보면 선택한 노트북별로 새 페이지가 생성되며, 노트북에 포함된 각각의 노트는 다시 하위 페이지로 생성됩니다.

HTML로 개별 노트 가져오기

HTML로 가져오기를 이용하면 원하는 특정 노트만 가져올 수 있지만 이미지나 첨부 파일이 누락될 수 있다는 단점이 있습니다. 또한 계정 연동 방법보다 복잡하고 까다로운 과정이 필요하므로 추천하지는 않습니다. 차라리 계정 연동으로 전체 노트북을 가져온 후 필터링과 검색을 통해 필요한 노트 페이지만 남기고 다른 페이지를 삭제하는 방법이 더 효과적일 수 있습니다.

01 Evernote를 실행한 후 가져오고 싶은 노트를 선택합니다. 선택한 노트에서 마우스 오른쪽 버튼을 클릭한 후 [내보내기]를 선택합니다. 팝업 창이 열리면 [하나의 웹 페이지(.html)]를 선택한 후 [내보내기]를 클릭합니다.

02 폴더 찾아보기 창이 열리면 저장할 경로를 선택한 후 [저장]을 클릭합니다. 내보내기 완료 창이
나타나면 [포함 폴더 열기]를 클릭하여 내보낸 파일을 확인하거나 [확인]을 클릭합니다.

깨알 tip Evernote에서 HTML로 내보내면 이미지나
첨부 파일은 내보낼 위치에 별도의 폴더가 생성된 후 저장
됩니다. 이후 Notion에서 HTML로 가져올 때 누락된 이미
지나 첨부 파일은 별도로 생성된 폴더에서 개별적으로 삽
입해야 합니다.

03 이제 Notion에서 HTML 파일을 가져오겠습니다. 사이드바에서 [가져오기]를 클릭한 후 가져오기 창에서 [HTML]을 클릭합니다.

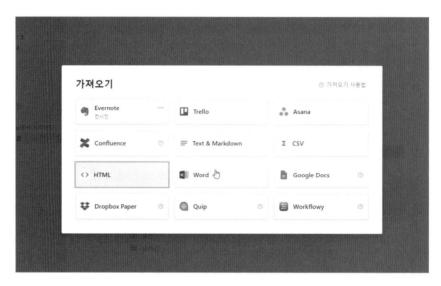

04 열기 창이 열리면 앞서 내보낸 HTML 파일을 찾아 선택한 후 [열기]를 클릭합니다. 이때 여러 개의 HTML 파일을 선택할 수 있습니다.

05 선택한 노트를 새 페이지로 가져오게 됩니다.

 열기 창에서 여러 개의 HTML 파일을 선택한 후 [열기]를 클릭하면 하나의 페이지가 생성된 후 그 안에서 하위 페이지로 각각의 노트 페이지가 생성됩니다.

한 걸음 더

전체 노트를 HTML로 내보내기

Evernote에 있는 모든 노트를 한 번에 HTML 파일로 내보낼 수 있습니다. 작성한 모든 노트를 일괄 내보낼 때는 Evernote 왼쪽 패널에서 [노트북] 항목에 마우스 오른쪽 버튼을 클릭한 후 [노트북 내보내기]를 선택합니다. 이후 방법은 앞서 설명한 과정과 동일합니다.

특정 노트북에 있는 노트만 내보낼 때도 해당 노트북 항목에서 마우스 오른쪽 버튼을 클릭한 후 [내보내기]를 선택합니다.

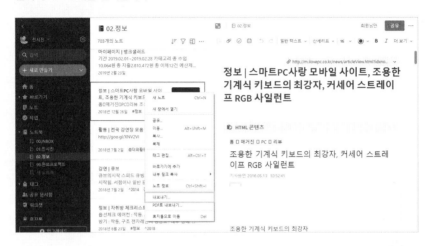

▶ 트렐로에서 가져오기

트렐로(Trello)는 칸반보드 기반의 프로젝트 관리 소프트웨어로 프로젝트 진행 현황을 한 눈에 파악할 수 있으며, 각 진행 현황에 필요한 피드백, 파일, 담당자, 마감 날짜 등을 지정할 수 있습니다. 트렐로에서 사용할 수 있는 보드 생성, 카드 이동, 태그, 필터링, 파일 첨부 등 대부분의 기능을 Notion으로 활용할 수 있기 때문에 트렐로와 Notion을 개별적으로 사용하지 않고 데이터를 통합할 수 있습니다.

트렐로를 Notion으로 가져오는 방법을 알아보겠습니다. 기본적으로 Evernote 연동과 유사하게 트렐로에 로그인하여 접근 권한 설정 과정을 거칩니다.

01 가져오기 창에서 [Trello] 버튼을 클릭하면 다음과 같이 트렐로에 로그인할 수 있는 창이 뜹니다. 스크롤을 내리고 [Log in] 버튼을 클릭하여 로그인을 진행합니다.

02 트렐로에 로그인하면 다음과 같이 권한 부여를 승인하는 창이 열립니다. 여기서 [Allow] 버튼을 클릭합니다. 이제 트렐로 사용자의 이름과 보드 및 팀을 Notion에서 읽을 수 있는 권한이 부여됩니다. 그러나 카드나 리스트, 팀, 보드를 생성하거나 댓글을 달거나 이메일 주소를 읽는 것 또는 트렐로의 암호를 보는 권한은 부여되지 않습니다.

깨알 tip ▶ 트렐로는 Evernote와 다르게 승인 기간이 30일로 정해져 있습니다.

03 권한 부여가 완료된 후 가져오기 창에서 [Trello] 버튼을 클릭하면 보드 목록이 표시됩니다. 여기서 가져올 보드에 모두 체크한 후 [가져오기] 버튼을 클릭합니다.

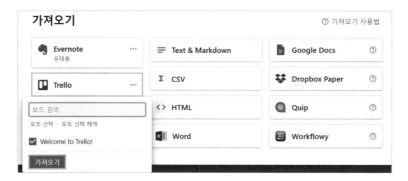

04 트렐로에 삽입되어 있던 이미지, 첨부 파일, 댓글 모두 트렐로와 같은 보드 형태로 가져온 것을 확인할 수 있습니다.

깨알 tip ▶ Notion에 트렐로 데이터를 가져온 후 데이터를 수정하거나 변경하더라도 트렐로에서는 변경되지 않습니다. 즉, Notion의 보드와 트렐로가 실시간 연동되는 것이 아닙니다.

▶ 아사나에서 가져오기

아사나(Asana)는 프로젝트 관리 소프트웨어로 칸반보드뿐만 아니라 할 일, 진행도, 중요도, 진행 일자별로 세부 관리가 가능한 도구입니다. 프로젝트 관리 차원에서만 보면 아사나의 기능이 더 효과적이지만 여러 도구에 분산된 데이터 및 도구를 하나로 취합한다는 측면에서 Notion으로 통합하여 관리할 수 있습니다. 아사나 역시 Evernote, 트렐로와 동일하게 로그인, 권한 허용, 가져오기 순서로 진행됩니다.

01 가져오기 창에서 [Asana] 버튼을 클릭한 후 다음과 같이 팝업 창이 열리면 아사나 계정으로 로그인합니다.

02 아사나에 로그인하면 Notion에서 아사나 계정에 접근할 수 있는 권한을 요청합니다. [Allow] 버튼을 클릭하면 이름과 이메일 주소, task, project, workspace에 접근하여 수정하거나 댓글을 확인할 수 있습니다.

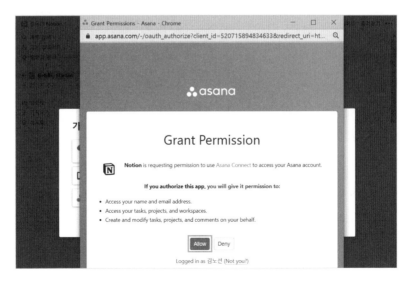

03 연동이 끝나면 가져오기 창에서 [Asana] 버튼을 클릭한 후 원하는 프로젝트를 체크하고 [가져오기] 버튼을 클릭하여 데이터를 가져올 수 있습니다.

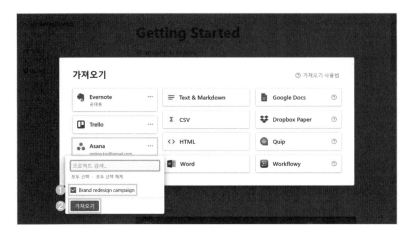

04 아사나 프로젝트 페이지가 생성되며 데이터가 표시됩니다. 페이지 왼쪽 위에 있는 [+]를 클릭해 데이터를 표, 캘린더, 보드 보기 등 다양한 모양으로 변경하여 데이터를 확인할 수 있습니다.

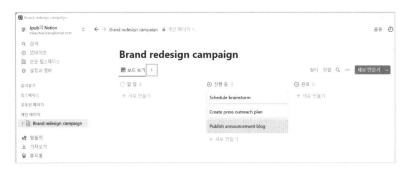

▶ Google 문서 가져오기

Google 드라이브는 대표적인 클라우드 서비스로 각종 파일을 저장하고 공유하는 기능 뿐만 아니라 MS Word와 유사한 Google 문서, MS Excel과 유사한 Google 스프레드 시트, MS PowerPoint와 유사한 Google 프레젠테이션을 작성하여 협업할 수 있는 도구입니다. 이 중 Google 문서는 가져오기 기능으로 Notion에 가져올 수 있습니다.

개별 파일 가져오기

개별 파일을 가져오려면 먼저 Google 드라이브에서 가져올 Google 문서를 연 후 상단 메뉴에서 [파일 – 다운로드 – Microsoft Word(.docx)]를 선택하여 .docx 파일로 저장합니다. 이후 가져오기 창에서 [Google Docs] 버튼을 클릭한 후 저장한 파일을 선택합니다.

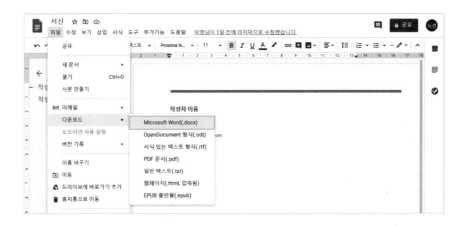

모든 Google 문서 가져오기

Google 드라이브에 저장된 모든 Google 문서를 한 번에 가져올 수 있습니다.

01 Google에서 제공하는 Google 테이크아웃(https://takeout.google.com/settings/takeout) 페이지에 접속한 후 [모두 선택 해제]를 클릭합니다.

02 모든 선택이 해제되면 [드라이브]에만 체크한 후 [여러 형식] 버튼을 클릭합니다.

03 드라이브 옵션 창이 나타나면 문서 항목에 [DOCX]로 설정된 것을 확인하고 [확인]을 클릭합니다.

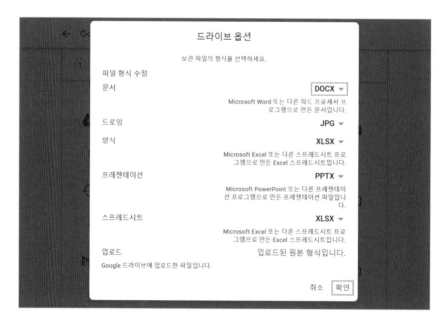

04 이번에는 [드라이브]에서 [모든 드라이브 데이터 포함됨]을 클릭한 후 드라이브 콘텐츠 옵션 창에서 [모든 Google 드라이브 파일 및 폴더]에 체크하고 [확인]을 클릭합니다.

05 Google 테이크아웃 페이지의 맨 하단에서 [다음 단계] 버튼을 클릭한 후 다음 화면에서 전송 방법, 파일 형식, 보관 파일 크기를 선택하고 [내보내기 생성] 버튼을 클릭합니다.

06 잠시 시간이 지난 후 다음과 같이 [다운로드] 버튼이 생성됩니다. 앞서 지정한 파일 형식에 따라 설정된 파일을 다운로드합니다. 압축된 상태라면 다운로드한 후 압축을 풀어야 합니다. 이후 개별 파일 가져오기와 동일하게 가져오기 창에서 [Google Docs] 버튼을 클릭한 후 가져올 파일을 선택합니다.

▶ 드롭박스 Paper 가져오기

드롭박스(Dropbox)는 Google 드라이브와 함께 대표적인 클라우드 서비스입니다. 기본적으로 파일을 보관하고 공유하는 용도로 사용되며, 드롭박스 내의 Paper를 이용해 아이디어를 정리하거나 의견을 나누는 등 협업 툴로 이용할 수 있습니다. Paper에 저장된 데이터를 Notion으로 가져와보겠습니다.

개별 Paper 가져오기

01 드롭박스(https://www.dropbox.com)에 접속합니다. Notion으로 가져올 Paper를 열고 오른쪽 위에 있는 더 보기(…) 아이콘을 클릭한 후 [내보내기]를 선택합니다.

02 내보내기 창이 열리면 [Microsoft Word (.docx)]를 선택하고 [내보내기] 버튼을 클릭합니다. 선택한 Paper가 .docx 파일로 다운로드되면 저장된 위치를 확인합니다.

03 Notion의 가져오기 창에서 [Dropbox Paper] 버튼을 클릭합니다. 열기 창이 열리면 앞서 다운로드한 Paper 파일을 찾아 선택한 후 [열기] 버튼을 클릭해서 가져옵니다.

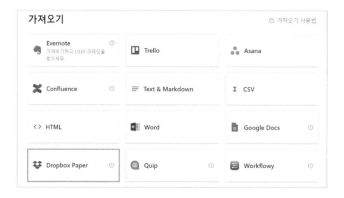

전체 Paper 가져오기

드롭박스에 접속한 후 왼쪽 카테고리에서 [Paper]를 클릭하여 Paper 홈으로 이동합니다. Paper 목록이 표시되면 전체 선택하거나 가져올 Paper에만 체크한 후 [내보내기] 버튼을 클릭합니다. 여러 개의 Paper를 선택한 후 [내보내기] 버튼을 클릭하면 .zip 확장자를 가진 압축 파일로 다운로드됩니다. 다운로드가 끝나면 다운로드한 파일의 압축을 풉니다.

▲ Paper 홈 화면

이어서 Notion의 가져오기 창에서 **[Dropbox Paper]** 버튼을 클릭하여 가져올 Paper 파일을 모두 선택합니다.

▶ Quip 데이터 가져오기

Quip은 업무용 문서 도구로 Google 문서와 비슷하지만 세일즈포스(Salesforce)라는 CRM 도구와 통합할 수 있습니다. 문서, 슬라이드, 스프레드시트, 채팅을 기반으로 언제 어디서나 문서를 작성할 수 있습니다. 아쉽게도 Quip은 전체 데이터를 내보낼 수 없고 원하는 데이터만 개별적으로 선택하여 보낼 수 있습니다.

01 Quip(https://quip.com)에 접속해서 로그인합니다. Notion으로 가져올 데이터를 선택해 열고 상단 메뉴에서 [문서 – 내보내기]를 선택한 후 [마크다운] 또는 [HTML]을 선택합니다.

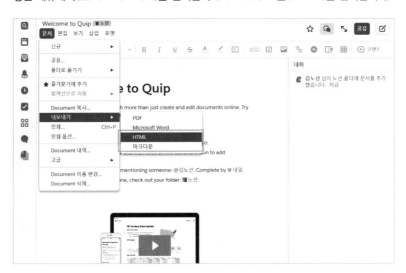

02 원하는 경로를 지정해 Quip 데이터를 저장했다면 Notion의 가져오기 창에서 [Quip] 버튼을 클릭해서 데이터를 가져옵니다.

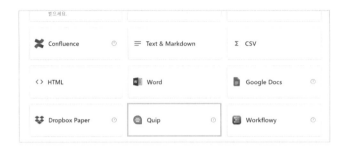

▶ 워크플로위 파일 가져오기

워크플로위(WorkFlowy)는 텍스트 기반의 정리 도구입니다. 드롭다운 방식으로 항목이 정리되어 클릭 시 하위 항목들을 펼쳐 볼 수 있습니다. Notion에서도 토글 목록 기능을 이용해 워크플로위와 같은 방식으로 하위 목록을 숨기거나 표시하면서 데이터를 관리할 수 있습니다. 워크플로위 데이터를 가져오고 토글 목록 기능을 적용하는 방법을 살펴보겠습니다.

데이터 가져오기

01 워크플로위(https://workflowy.com)에 접속하여 로그인합니다. 오른쪽 상단 설정 아이콘을 클릭한 후 [Export all]을 선택합니다.

02 가져올 데이터 내용이 포함된 Export 창이 열립니다. 여기서 아래쪽에 있는 [Plain text]를 선택한 후 바로 아래 [click to download]를 클릭합니다.

> **깨알 tip** Export 창에서 데이터를 직접 선택해서 복사할 수 있습니다. 그러므로 가져올 데이터가 적다면 내용을 모두 선택해서 복사(단축키 Ctrl + C)한 후 Notion에서 임의의 페이지에 붙여넣기(단축키 Ctrl + V)해도 좋습니다.

03 다운로드된 파일은 .txt 파일입니다. Notion의 가져오기 창에서 [Workflowy] 버튼을 클릭하면 데이터를 가져올 수 있습니다.

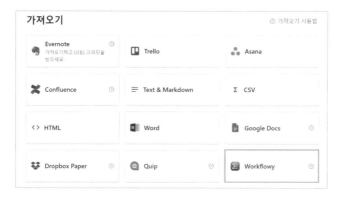

토글 목록 적용하기

01 Notion으로 가져온 워크플로위 데이터는 목록 스타일(글머리 기호 목록 블록)로 표시되어 있습니다. Notion의 토글 목록 기능을 적용하려면 항목에 마우스 커서를 가져갈 때 나타나는 6개 점으로 표현된 메뉴(⠿) 아이콘을 클릭합니다.

02 토글 목록 블록으로 변경할 목록을 드래그해서 모두 선택합니다. 메뉴(⠿) 아이콘을 클릭한 후 [전환 – 토글 목록]을 선택합니다.

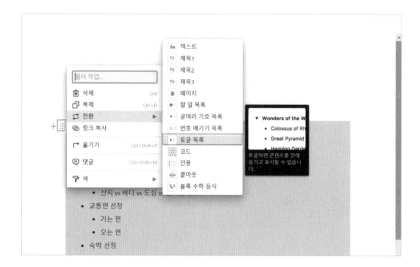

03 메뉴(⁝⁝) 아이콘을 클릭한 목록 단계를 기준으로 상위 목록만 남고 하위 목록이 가려진 것을 확인할 수 있습니다. 펼침/숨기기(▶) 아이콘을 클릭(단축키 Ctrl + Enter)하여 목록을 다시 펼치거나 숨길 수 있습니다.

▶ 그 밖의 다양한 파일 가져오기

앞에서는 가져오기 창에서 가져올 도구의 전용 버튼을 클릭했습니다. 하지만 이번에 소개하는 확장자를 가진 파일이라면 굳이 전용 버튼이 아닌, 확장자와 관련된 버튼을 클릭해도 데이터를 가져올 수 있습니다.

[Confluence], [Text & Markdown], [CSV], [HTML], [Word] 버튼에 대해 자세히 살펴보겠습니다.

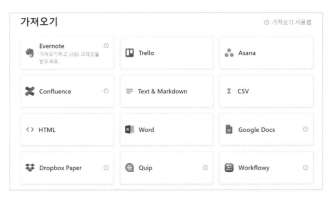

▲ 가져오기 창의 가져오기 버튼

▶**깨알 tip**▶ 가져오기 창에서 각 버튼을 클릭한 후 여러 개의 파일을 선택하면 하나의 페이지가 생성된 후 파일별로 하위 페이지가 생성됩니다.

Confluence 파일 가져오기

Confluence는 위키 기반의 지식 저장 도구입니다. IT 개발자들을 중심으로 사용되고 있으며, 드롭다운과 링크 형태로 문서를 작성하고 저장합니다. Notion에서도 페이지와 멘션 페이지 등을 통해 Confluence처럼 지식 기반의 위키 저장소를 만들 수 있습니다.

01 Confluence(https://www.atlassian.com/software/confluence)에 접속하여 로그인한 후 내보낼 Confluence 페이지의 오른쪽 상단에 있는 [⋯]를 클릭하고 [내보내기-Word로 내보내기]를 선택합니다.

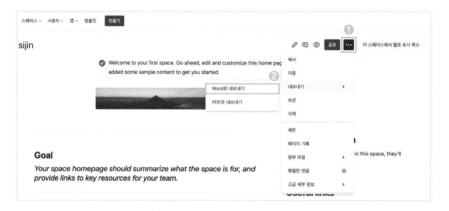

02 Notion에서 왼쪽 사이드바의 가져오기로 이동하여 [Word]를 선택합니다. Confluence에서 내보낸 .docx 파일을 업로드합니다.

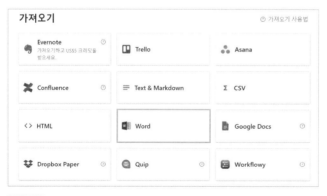

▶ **깨알 tip** 도움말과 지원 – Notion으로 데이터 가져오기: www.notion.so/ko-kr/help/category/import-export-and-integrate

.txt 및 .md 파일 가져오기

[Text & Markdown]을 클릭한 후 .txt 또는 .md 파일의 데이터를 가져올 수 있습니다. 주로 단순 텍스트 또는 웹과 관련된 마크다운 문법으로 구성된 데이터입니다.

▲ 마크다운 문법 데이터 가져오기

.csv 파일 가져오기

[CSV] 버튼은 엑셀 등의 스프레드시트 도구에서 저장한 .csv 파일을 가져올 때 사용합니다. .csv 파일은 쉼표를 기준으로 구분된 데이터베이스나 표 데이터를 포함하고 있습니다.

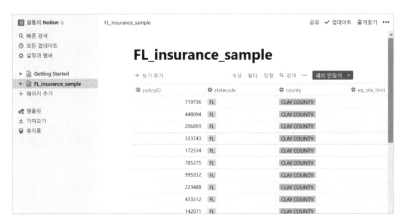

▲ .csv 파일 가져오기

.html 파일 가져오기

HTML은 웹 문서를 만들 때 사용하는 언어로 .html 확장자를 사용합니다. [HTML] 버튼을 클릭해서 가져올 수 있습니다.

▲ HTML 문서 가져오기

.docx 파일 가져오기

.docx는 MS Word의 대표적인 확장자입니다. 앞서 소개한 Google 문서 역시 .docx로 다운로드해서 가져왔습니다. [Word]를 이용하면 .docx 파일을 가져올 수 있습니다.

▲ Word 문서 가져오기

Chapter 02

다양한 도구의 통합을 위한
탄탄한 기본기 다지기

Notion을 본격적으로 사용해봅시다. 기본적으로 Notion의 구조는

워크스페이스, 섹션, 페이지, 블록으로 구분할 수 있습니다.

이러한 기본 구조를 제대로 알면 이후 활용하기가 좀 더 수월해집니다.

Notion의 기본 구조를 어떻게 생성하며, 어떤 기능을 가지고 있는지 자세히 알아보겠습니다.

Notion의 기본 구조 이해하기

Notion에서 처음 계정을 생성할 때 하나의 워크스페이스를 생성했습니다. Notion 워크스페이스는 크게 섹션(Section), 페이지(Page), 블록(Block)으로 이루어져 있습니다. 하나의 워크스페이스를 다이어리에 비유한다면 섹션은 다이어리에 기본으로 포함된 구성 요소, 예를 들어 월간 계획 영역이나 빈 메모 영역이라고 할 수 있습니다. 섹션은 Notion의 사용 구성에 따라 자동으로 생성되거나 지워지며, 사용자의 편의대로 지우거나 수정할 수 없습니다. 페이지는 다이어리에 있는 빈 종이와 같습니다. 그 종이는 마음껏 추가하거나 삭제할 수 있으며, 어떻게 쓰는지는 사용자의 상상력에 달려 있습니다. 마지막으로 가장 작은 단위인 블록은 각 페이지에 포함된 텍스트, 이미지, 동영상, 데이터베이스 등 각각의 객체를 의미합니다. 섹션을 제외한 Notion을 이루는 모든 요소는 블록으로 이루어져 있으며, 자유롭게 용도를 변경할 수 있습니다.

섹션

페이지

블록

▶ 하나의 워크스페이스에서 영역을 구분하는 섹션

섹션의 종류는 네 가지로, 즐겨찾기, 팀스페이스, 공유된 페이지, 개인 페이지가 있으며, 각 섹션은 즐겨찾기 하거나 공유한 페이지의 유무에 따라 표시되거나 사라집니다. 예를 들어 즐겨찾기 한 페이지도 없고, 공유 중인 페이지도 없다면 Notion 내 모든 페이지는 오로지 개인을 위한 데이터이므로, 개인 페이지 섹션만 존재합니다. 하지만 개인 페이지 섹션은 기본값이니 다른 섹션이 없을 때는 화면 왼쪽 사이드바에 개인 페이지 섹션도 표시되지 않습니다.

특정 페이지를 즐겨찾기로 추가한다면 그제서야 왼쪽 사이드바에 개인 페이지 섹션과 함께 즐겨찾기 섹션도 표시되며, 계속해서 자신이 만든 페이지에 팀원을 초대해서 공유한다면 공유된 페이지 섹션이 표시됩니다. 만약 계정을 생성할 때 사용 용도를 묻는 질문에서 팀용 옵션을 선택했다면 기본으로 팀스페이스와 개인 페이지 섹션이 함께 표시됩니다.

여기서는 섹션의 역할만 소개합니다. 즐겨찾기 및 공유 방법은 Chapter 05에서 자세히 다루겠습니다.

각 섹션에는 여러 개의 페이지가 포함될 수 있으며, 왼쪽 사이드바에서 즐겨찾기, 공유된 페이지, 개인 페이지 각 섹션 이름을 클릭하면 목록을 펼치거나 닫을 수 있습니다.

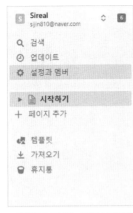

▲ 섹션 구분이 없는 기본 사이드바

▲ 섹션이 구분된 사이드바

▲ 각 섹션을 모두 닫은 사이드바

▶ 활용도 200%의 자율성을 가진 페이지

앞에서 페이지를 Notion이라는 다이어리의 빈 종이에 비유했습니다. 사용자는 빈 페이지에 그림, 글, 영상, 음성 파일, 표 등 다양한 형태의 데이터를 원하는 대로 구성할 수 있습니다. 텍스트만 입력하여 워드 문서처럼 활용할 수 있고, 이미지를 넣어 사진첩 형태로 쓸 수도 있습니다. 동영상만으로 구성하여 나만의 재생 목록을 만들 수 있고, To-do 리스트를 관리할 수도 있습니다.

▲ 문서 작성 도구로 활용한 Notion

▲ 사진 갤러리처럼 활용한 Notion

물론 여러 형태의 데이터를 혼용해서 페이지를 구성할 수도 있으며, 페이지 안에 하위 페이지를 넣어 대시보드(Dashboard) 형태로 쓸 수도 있습니다. 컴퓨터의 바탕화면과 같은 형태로 말이죠.

이처럼 페이지는 여러분의 목적, 그리고 상상력에 따라 무궁무진하게 활용할 수 있습니다.

▶ 레고 블록 같은 Notion 블록

Notion의 가장 기본적인 단위는 블록입니다. 마치 레고 블록을 하나하나 모으고 조립해서 거대한 성이나 자동차를 만들듯 Notion에서도 블록을 모아 적절하게 구성하면 사용자의 업무 효율성을 높여줄 거대한 생산성 도구로 재탄생할 수 있습니다. 텍스트 블록, 페이지 블록, 할 일 목록 블록, 제목 블록, 동영상 블록, PDF 블록 등 여러 가지 블록을 조립할 수 있습니다.

Notion의 블록은 서로 변경할 수 있습니다. 즉, 텍스트 블록으로 만들었던 블록을 페이지 블록으로 바꿀 수도 있고, 할 일 목록 블록으로 만들었던 블록을 글머리 기호 목록 블록으로 변경할 수 있습니다. 여러 블록을 한 번에 변경할 수도 있어서 페이지를 구성하고 모양을 갖추는 작업을 빠른 시간 내에 처리할 수 있습니다.

▲ Notion에서 사용할 수 있는 다양한 블록 목록

각 블록에 대한 자세한 설명은 이어지는 [Notion 02]에서 하나씩 소개하겠습니다.

생산성 도구를 하나로 모아줄
페이지 생성 및 관리하기

Notion에서 페이지를 생성하는 것은 워드프로세서에서 새 문서를 시작하는 것처럼 기본적인 일입니다. Notion 계정을 생성한 후 처음 실행하면 **[제목 없음]**이라는 기본 페이지가 생성되어 있습니다. 이 페이지에 있는 내용들을 모두 지우고 여러분의 데이터를 채워 사용해도 됩니다만, 기본은 기본대로 두고 새 페이지를 만들어 활용하는 것이 좋겠죠?

▶ 새 페이지 만들고, 하위 페이지 만들기

왼쪽 사이드바를 이용해 새 페이지를 만들고, 이어서 새로 만든 페이지에 하위 페이지를 추가해 보겠습니다.

01 왼쪽 사이드바 중간에 있는 [새 페이지]를 클릭합니다.

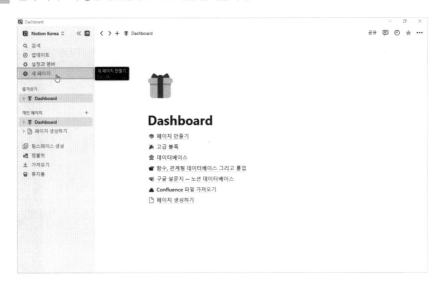

02 다음과 같이 새 페이지 생성하기 창이 열리면 상단의 [제목 없음] 입력란에 페이지 제목을 입력하고, 빈 페이지를 만들기 위해 [빈 페이지]를 클릭합니다.

> **깨알 tip** 새 페이지 생성하기 창의 [템플릿] 버튼으로 템플릿 목록을 사용하는 방법은 296쪽에서 자세히 다루겠습니다.

03 빈 페이지로 변경되면 창 왼쪽 위에 있는 [전체 페이지로 열기] 아이콘을 클릭하거나 창 바깥
영역을 클릭해 페이지 생성을 완료합니다.

깨알 tip ▶ 페이지를 전체 화면으로 보는 단축키는 Ctrl + Enter 입니다.

▶ 스마트폰 Notion 애플리케이션에서 새 페이지 작성하기

Notion의 장점 중 하나는 데스크톱에서 작성한 내용을 스마트폰이나 다른 운영체제에서
모두 실시간으로 확인할 수 있다는 점입니다. 데스크톱에서 작성한 내용을 스마트폰으로
확인하거나, 내용을 수정할 수 있죠. 스마트폰에서 새 페이지를 만드는 방법은 데스크톱
과 유사합니다.

우선 Notion 애플리케이션을 실행하면 페이지 목록이 나타납니다. 화면 하단에서 [+] 아
이콘을 터치하면 새 페이지 생성하기 화면이 나타납니다.

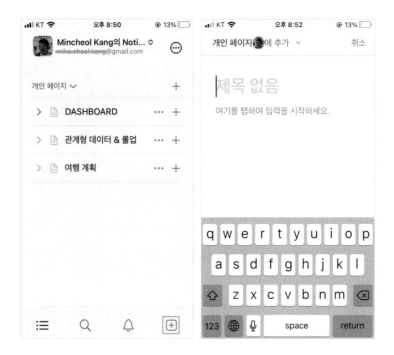

▶ 디렉터리 구조의 페이지 구성하기

Notion은 디렉터리 형태로 페이지를 구성할 수 있습니다. 컴퓨터 바탕화면에 여러 폴더가 있고 그 폴더 속에 하위 폴더나 파일이 있듯이, 임의의 페이지가 마치 바탕화면이나 윈도우 탐색기의 최상위 폴더 역할을 합니다.

Notion에서 디렉터리 구조의 페이지를 구성하려면 먼저 임의의 페이지를 하나 만들고, 그 안에 원하는 하위 페이지를 만들면 됩니다. 그러면 처음 만든 상위 페이지는 바탕화면 역할을 하고, 그 안에 만든 하위 페이지는 바탕화면에 나열된 폴더 역할을 합니다.

01 하위 페이지를 만들기 위해 왼쪽 사이드바에서 앞서 만든 [페이지 생성하기]에 마우스 커서를 옮깁니다. 숨겨져 있던 [+] 아이콘(하위 페이지 추가)이 나타나면 클릭합니다.

02 새 페이지를 만들 때와 같이 새 페이지 생성하기 창이 열립니다. 페이지 이름을 입력하고 [빈페이지]를 클릭하여 하위 페이지를 생성합니다.

> 깨알 tip 새 페이지 생성하기 창 상단에 있는 [추가 대상]을 클릭한 후 현재 페이지를 생성할 위치(상위 페이지)를 지정할 수도 있습니다.

03 앞의 과정을 참고해 한두 개의 하위 페이지를 더 만들어봅니다. 그러면 처음 만든 [페이지 생성하기] 페이지에 하위 페이지 목록이 표시되어 디렉터리 구조가 완성됩니다.

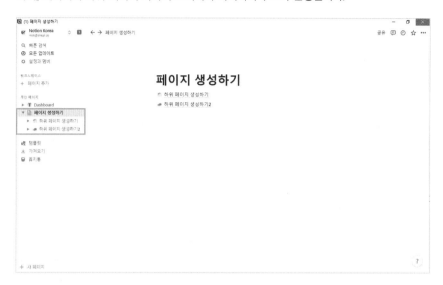

▶ 페이지 스타일로 아이콘 추가 및 변경하기

여러 페이지를 만들어 관리하다 보면 페이지 디자인이 비슷해서 보기에 지루하고 각 페이지를 구분하기도 어려울 수 있습니다. 이럴 때 Notion의 페이지 디자인을 보기 좋게 꾸밀 수 있습니다.

페이지에 아이콘 이미지를 배치하거나 커버를 추가하고, 텍스트 종류나 크기를 바꾸며, 페이지 영역을 조절하는 등 페이지 스타일과 관련된 기능을 알아보겠습니다.

아이콘 추가

각 페이지의 제목 입력란에 마우스 커서를 가져가면 상단에 **[아이콘 추가]**, **[커버 추가]**, **[댓글 추가]** 버튼이 표시됩니다. 여기서 **[아이콘 추가]**를 클릭하면 곧바로 임의의 아이콘이 추가됩니다.

▲ 제목 입력란 위에 표시되는 세 가지 버튼

아이콘 변경

페이지에 아이콘을 추가하면 왼쪽 사이드바에도 아이콘 이미지가 반영됩니다. 그러므로 무작위로 생성된 아이콘은 해당 페이지를 대표할만한 이미지로 변경하는 것이 좋습니다. 아이콘을 클릭하면 이미지를 변경할 수 있는 팝업 창이 나타나며 다음과 같이 세 개의 탭으로 구성되어 있습니다.

- **이모지:** Notion에서 기본으로 제공하는 이모지 중 선택하거나 [필터] 입력란에서 키워드로 원하는 이모지를 검색할 수 있습니다. 필터 오른쪽 손바닥 모양 아이콘을 클릭하면 이모지의 피부톤을 변경할 수도 있습니다.

- **아이콘:** Notion에서 기본으로 제공하는 아이콘을 선택할 수 있습니다. 아이콘을 클릭하면 10가지 색상 중 1개를 선택할 수 있으며, [필터] 입력란에 키워드를 입력하면 관련 아이콘(876개)을 찾을 수 있습니다.

- **사용자 지정:** 해당 이미지의 URL 주소를 복사하고 [이미지에 링크 붙여넣기] 입력란에 붙여넣은 후 [제출]을 클릭하면 웹 이미지를 아이콘으로 쓸 수 있습니다. 혹은 [파일 업로드]를 클릭하고 사용자가 제작한 이미지를 업로드하여 아이콘으로 쓸 수도 있습니다. 가로세로 280×280픽셀 크기 이미지를 권장하며, 개인 요금제는 이미지 용량에 5MB 제한이 있습니다.

> **깨알 tip** 이모지 팝업 창에서 [랜덤](⤨) 아이콘을 클릭하면 무작위로 아이콘이 변경되며, [제거]를 클릭하면 추가한 아이콘을 제거할 수 있습니다.

▶ 커버 추가 및 변경하기

아이콘과 마찬가지로 페이지 커버 이미지를 추가하거나 변경할 수 있습니다. 페이지 제목
에 마우스 커서를 가져갑니다. 이미 아이콘이 추가된 상태이므로 [아이콘 추가] 버튼은 표시
되지 않습니다. 여기서 [커버 추가]를 클릭합니다.

페이지 상단에 무작위 이미지로 커버가 추가됩니다. 커버 위에 마우스 커서를 가져가면
오른쪽 하단에 [커버 변경]과 [위치 변경] 버튼이 표시됩니다. [커버 변경]을 클릭하면 아이콘 추
가와 똑같이 팝업 창에서 커버 이미지를 선택하거나 사용자가 만든 이미지 또는 웹에 있
는 이미지로 교체할 수 있습니다. [위치 변경]은 커버 이미지가 커버로 표시되는 면적보다
넓을 때 이미지를 드래그해서 커버 영역에 보이는 부분을 바꿀 때 씁니다.

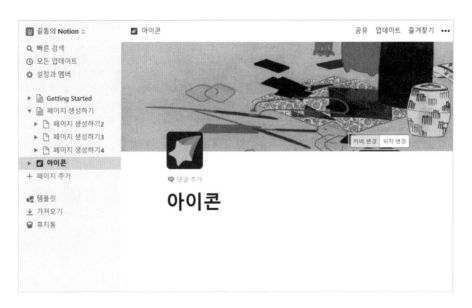

깨알 tip ▶ 커버 팝업 창에서 [Unsplash] 탭을 클릭하면 https://unsplash.com에서 제공하는 무료 이미지를 커버로 사용할 수 있습니다.

▶ 페이지 기본 텍스트 서식 변경하기

아이콘이나 커버 이외에 서체나 텍스트 크기, 여백 등을 조정하여 페이지만의 스타일을 지정할 수 있습니다. 단 페이지 안에서 서식을 자유롭게 변경할 수는 없고, 페이지마다 동일한 서체, 크기, 여백으로만 일괄 적용할 수 있습니다. 텍스트 스타일은 페이지 오른쪽 상단 더 보기(…) 아이콘을 클릭하면 나타나는 스타일 창에서 변경할 수 있습니다.

- **스타일:** Notion에서 쓸 수 있는 서체는 세 종류로 기본, 세리프, 모노입니다. 기본으로 적용되는 서체로 고딕(산세리프), 세리프는 명조, 모노는 프로그래밍용 서체입니다.

- **작은 텍스트:** 텍스트 크기는 기본 크기와 작은 텍스트 크기만 쓸 수 있습니다. [작은 텍스트] 스위치를 클릭하면 페이지 전체의 텍스트 크기를 줄일 수 있습니다. 제목부터 본문 내용까지 한 번에 축소됩니다. 스위치를 다시 클릭하면 기본 크기로 돌아옵니다.

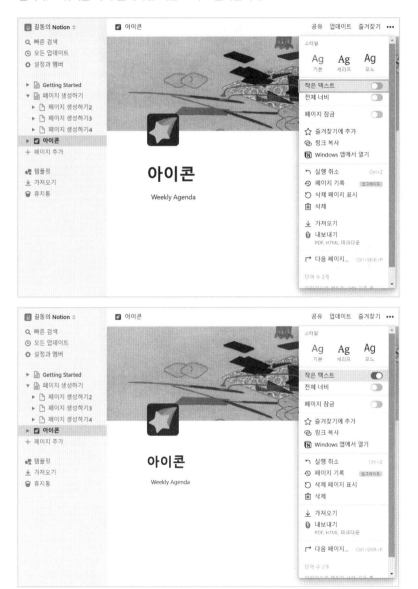

▲ [작은 텍스트] 적용 전과 후 비교

- **전체 너비:** 페이지 양 옆에는 일정한 여백이 적용되어 있습니다. 여백을 없애고 데이터로 가득 채우려면 [전체 너비] 스위치를 클릭합니다.

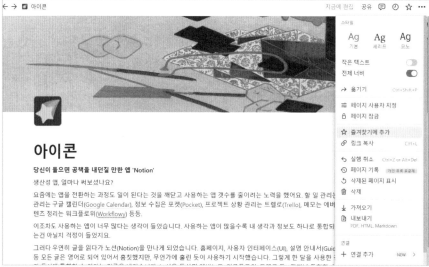

▲ [전체 너비] 적용 전과 후 비교

한 걸음 더
페이지 잠금

스타일 창에서는 해당 페이지를 잠글 수 있습니다. 실수로 데이터가 변경되는 것을 방지하는 기능으로, 잠금 설정한 페이지는 잠금 해제할 때까지 편집이 불가능합니다. [페이지 잠금]을 클릭하면 잠금 처리되고, 다시 클릭하면 잠금 해제됩니다. 잠금 설정된 페이지는 왼쪽 상단에 자물쇠 아이콘과 잠금 문구가 표시됩니다.

페이지 상단에 표시된 [잠금]을 클릭하면 [다시 잠금]으로 변경되며, 이 상태에서는 임시로 페이지 수정이 가능해집니다. 임시 수정이 끝나면 다시 클릭해서 잠금 상태로 되돌립니다.

▶ 필요 없는 페이지 삭제하기

페이지를 생성하다 보면 잘못 만든 페이지도 있고 필요 없는 페이지도 생깁니다. 이런 페이지를 그대로 놔두면 블록 개수만 늘어나 사이드바가 지저분해질 수 있으므로 깔끔하게 정리하는 것이 좋습니다. 페이지를 삭제하는 방법은 외부에서 삭제하기, 내부에서 삭제하기, 왼쪽 사이드바에서 삭제하기, 세 가지가 있습니다.

외부에서 삭제하기

외부에서 삭제하기는 삭제하려는 페이지가 다른 페이지의 하위 페이지일 때 쓸 수 있는 방법입니다. 다음과 같이 상위 페이지에 하위 페이지 목록이 표시되면, 삭제할 페이지 왼쪽의 메뉴(⠿) 아이콘을 클릭하고 [Delete]를 누르거나 메뉴에서 [삭제]를 선택합니다.

내부에서 삭제하기

내부에서 삭제하기는 말 그대로 해당 페이지의 내용을 확인한 후 삭제할 때 쓸 수 있는 방법입니다. 삭제할 페이지를 열고 오른쪽 위에 있는 더 보기(⋯) 아이콘을 클릭한 후 [삭제]를 선택하면 됩니다.

사이드바에서 삭제하기

사이드바에서 페이지를 삭제하는 방법은 전체 페이지 구조를 살피면서 필요 없는 페이지를 삭제할 때 편리합니다. 사이드바의 페이지 목록에서 삭제할 페이지에 마우스 커서를 옮긴 후 페이지 이름 오른쪽에 표시된 더 보기(…) 아이콘을 클릭하고 메뉴에서 **[삭제]**를 선택합니다.

깨알 tip 하위 페이지를 포함하고 있는 페이지를 삭제하면 해당 페이지에 포함된 하위 페이지도 모두 삭제됩니다. 주의하세요.

▶ 블록 내 페이지, 인라인 하위 페이지

인라인 하위 페이지 생성 기능을 이용하면 텍스트 블록, 글머리 기호 목록 블록 등 텍스트를 입력하는 중에 추가로 페이지 블록을 넣을 수 있습니다.

사용 방법은 간단합니다. 텍스트를 입력하는 중 인라인 하위 페이지가 필요할 때 +를 입력한 후 추가할 페이지명을 입력합니다. 다음과 같이 입력한 페이지명에 따라 두 가지 팝업 메뉴가 표시됩니다. 각 메뉴는 다음과 같은 차이가 있습니다.

> 🔍 **깨알 tip** +와 유사한 기능으로 [[를 입력하면 다른 페이지를 찾아 링크로 넣거나 새로운 하위 페이지를 빠르게 추가할 수 있습니다.

- **새 '페이지명' 하위 페이지:** 현재 위치에 인라인 하위 페이지를 생성합니다.

- **새 '페이지명' 페이지 추가:** 해당 메뉴를 선택한 후에 임의의 페이지를 선택하면 선택한 페이지에 +와 함께 입력한 페이지명으로 하위 페이지가 생성되며, 현재 위치에는 생성된 하위 페이지가 링크 형태로 추가됩니다.

▶ 텍스트 관련 블록으로 빠르게 페이지 만들기

목록이나 여러 개의 텍스트 관련 블록을 각각 제목으로 하는 페이지로 빠르게 변경할 수 있습니다. 예를 들어 다음과 같이 글머리 기호 목록으로 입력한 3개의 블록이 순식간에 같은 이름을 가진 3개의 페이지 블록으로 변경됩니다. 블록의 메뉴(⠿) 아이콘을 클릭한 후 **[전환 – 페이지]**를 선택하면 됩니다.

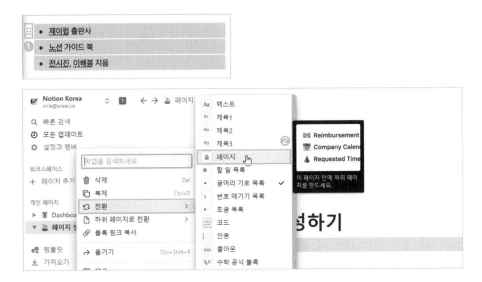

이와 유사하면서도 조금은 다른 기능인 **[하위 페이지로 전환]** 기능도 있습니다. 변경할 블록을 모두 선택한 후 메뉴(⠿) 아이콘을 클릭하고 **[하위 페이지로 전환]**을 선택합니다. 그런 다음 변경할 페이지가 배치될 상위 페이지를 선택하세요.

하위 페이지로 전환하면 다음과 같이 기존 페이지에서는 페이지 링크 형태로 남고, **[하위 페이지로 전환]** 메뉴에서 선택한 페이지를 확인해 보면 텍스트 블록이 페이지로 변경되어 있는 것을 확인할 수 있습니다.

Notion 03 텍스트 관련 기본 블록으로 기본기 다지기

Notion에서 가장 작은 단위는 블록입니다. 블록은 텍스트, 이미지, 데이터베이스, 영상, 코드 등 다양한 속성을 가지고 있습니다. 페이지를 생성한 후 빈 공간을 클릭하면 기본 중에서도 기본인 텍스트 블록이 생성됩니다. Notion의 활용도를 높여주는 대표적인 장점은 바로 이런 블록들의 속성을 변경할 수 있다는 것입니다. 이번에는 기본 블록의 속성을 지정해보고 속성 변경, 블록 복사, 삭제, 이동 등 블록의 기본 사용 방법을 알아보겠습니다.

▶ 클릭 한 번으로 블록 추가하기

페이지를 생성한 후 빈 공간을 클릭하면 바로 텍스트 블록이 추가됩니다. 여기에 그대로 텍스트를 입력할 수 있습니다.

▲ 클릭해서 추가한 텍스트 블록과 블록을 추가하는 [+] 아이콘

블록을 추가한 후 블록에 마우스 커서를 가져가면 왼쪽에 [+] 모양의 블록 추가 아이콘이
표시됩니다. [+] 아이콘을 클릭하면 다른 종류의 블록을 선택해 추가할 수 있고, 생성된
블록의 가장 오른쪽에 입력 커서를 놓고 Enter 를 누르면 기존 블록과 동일한 속성의 블록
을 추가할 수 있습니다.

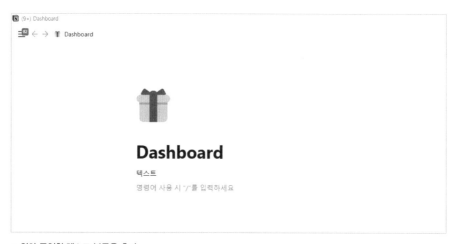

▲ 위와 동일한 텍스트 블록을 추가

▶ 다양한 텍스트 관련 블록 살펴보기

페이지 내 빈 공간을 클릭해서 새로운 블록을 생성한 후 곧바로 [+] 아이콘을 클릭하거나 /(슬래시)를 입력하면 블록 선택 창이 나타나며, 여기서 속성을 선택하면 새로운 블록을 추가할 수 있습니다.

블록 목록에서 기본 블록, 인라인, 데이터베이스, 미디어 등의 영역으로 구분된 여러 가지 블록 속성을 선택할 수 있습니다. 여기서는 기본 블록 영역에 있는 텍스트 블록의 종류와 특징을 자세히 알아보겠습니다.

- **텍스트(Text):** 텍스트 블록은 가장 기본이 되는 텍스트를 작성하는 블록입니다. 크기는 페이지별로 일괄 조정하는 방법밖에 없지만, 스타일은 개별적으로 지정할 수 있습니다. 스타일 지정 방법은 잠시 후에 다룹니다.

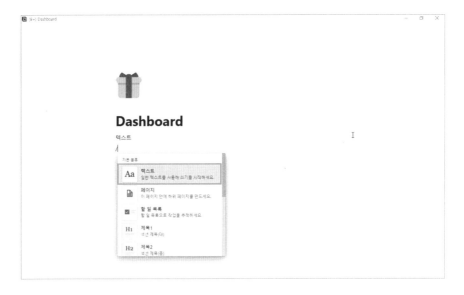

- **페이지(Page):** 페이지 블록은 하나의 페이지입니다. 기존 페이지에 하위 페이지를 일일이 추가하는 복잡한 과정 없이 페이지 블록을 추가해서 해당 페이지 내에 하위 페이지를 만드는 것입니다.

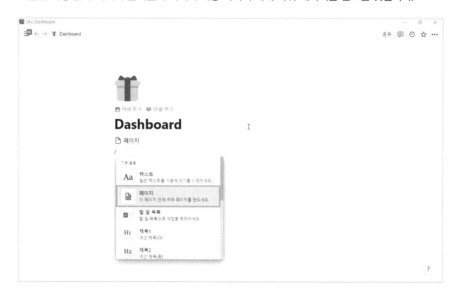

- **할 일 목록(To-do List):** 할 일 목록 블록은 텍스트 앞에 체크박스를 생성합니다. 할 일 목록 블록을 여러 개 나열해서 일간, 주간, 월간 할 일을 관리할 수도 있습니다.

- **제목(Heading) 1, 2, 3**: 제목 블록은 제목 1, 제목 2, 제목 3, 세 단계가 있습니다. 페이지 안에서 주제를 구분할 때 활용합니다. 제목 1이 가장 큰 제목이며, 제목 3이 가장 작은 제목입니다.

- **표**: 간단한 표를 만드는 블록입니다. 한글이나 워드에서 표를 만드는 것처럼 수식을 넣거나 파일을 넣을 수 없고 텍스트만 넣을 수 있으며, 색상을 변경할 수 있습니다. 표 위에 마우스를 대면 오른쪽과 아래에 [+] 버튼이 생기는데, 이를 오른쪽과 아래로 드래그하면 행과 열을 손쉽게 추가할 수 있습니다. 드래그 방향을 반대로 하면 행과 열을 손쉽게 삭제할 수 있습니다.

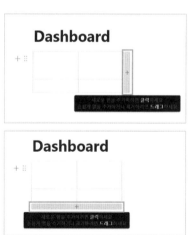

- **글머리 기호 목록(Bulleted List):** 글머리 기호 목록은 글자를 기호로 정리할 때 사용합니다.

새로 블록을 추가하는 대신 텍스트 블록 맨 앞에서 −(하이픈)을 입력한 후 [Space Bar]를 눌러도 글 머리 기호 목록 블록으로 변경됩니다. 글머리 기호 목록 블록으로 내용을 작성한 후 [Tab]을 누르면 하위 항목으로 들여쓰기 되고, [Shift] + [Tab]을 누르면 다시 상위 항목으로 내어쓰기 됩니다.

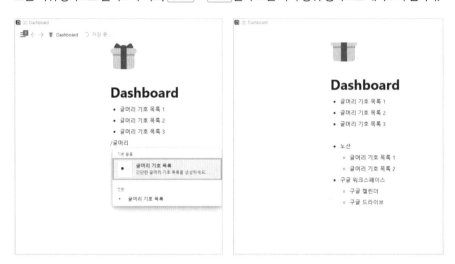

깨알 tip 글머리 기호 목록 블록 하나를 선택한 상태에서 메뉴(⠿) 아이콘을 클릭하고 [목록 형식]을 선택하면 글머리 기호의 목록 형식을 변경할 수 있습니다. [기본값], [속이 빈 원], [속이 찬 원], [정사각형] 등 네 가지 중 하나를 선택합니다.

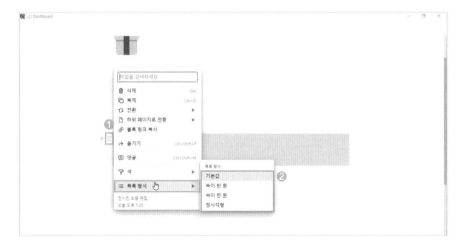

- **번호 매기기 목록(Numbered List):** 숫자로 블록을 구분합니다. 블록에 글자를 입력한 뒤 Enter 를 누르면 다음 블록의 숫자는 +1이 됩니다.

텍스트 블록에서 맨 앞에 숫자 1과 .(마침표)를 입력한 후 Space Bar 를 누르면 번호 매기기 목록 블록으로 변경되며 Tab 을 눌러 들여쓰기 하거나 Shift + Tab 을 눌러 내어쓰기 할 수 있습니다.

오른쪽 그림과 같이 글머리 기호 블록과 번호 매기기 목록 블록을 혼용할 수도 있습니다.

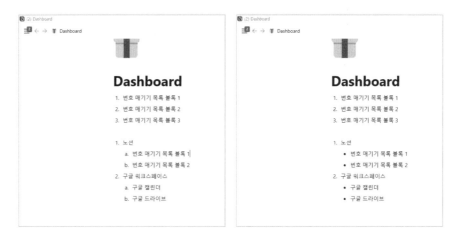

깨알 tip 번호 매기기 목록 블록 하나를 선택한 상태에서 메뉴(⋮⋮) 아이콘을 누르면 번호 매기기 목록 블록의 형식을 변경할 수 있습니다. [기본값], [숫자], [글자], [로마 숫자] 등 4개 형식을 선택할 수 있습니다.

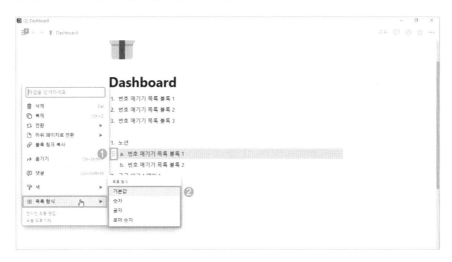

- **토글 목록(Toggle List):** 토글 목록 블록은 하위 목록을 펼치거나 숨길 수 있는 블록입니다. 예를 들어 책의 목차와 같이 펼쳐놓으면 한없이 길어지는 텍스트가 있다면 토글 목록 블록으로 상위 제목만 남기고 하위 제목은 모두 숨길 수 있습니다. 토글 목록 블록은 텍스트 블록 맨 앞에서 〉를 입력한 후 〔Space Bar〕를 눌러 변경할 수 있으며, 마우스로 삼각형을 클릭하거나 〔Ctrl〕 + 〔Enter〕를 누르면 토글을 펼치거나 숨길 수 있습니다.

글머리 기호 목록 블록과 번호 매기기 목록 블록과 마찬가지로 〔Tab〕을 눌러 들여쓰기 하거나 〔Shift〕 + 〔Tab〕을 눌러 내어쓰기 할 수 있습니다.

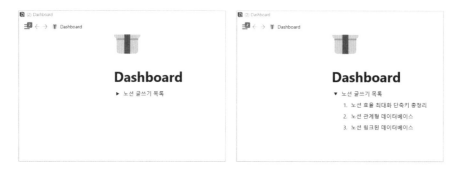

- **인용(Quote):** 인용 블록은 텍스트 왼쪽에 두꺼운 세로 막대가 표시됩니다. 특정 글을 인용할 때 사용하며, 제목 블록 대신 텍스트를 강조하는 용도로 쓸 수도 있습니다.

텍스트 블록에서 "(큰따옴표)를 입력한 후 〔Space Bar〕를 누르면 인용 블록을 생성할 수 있습니다.

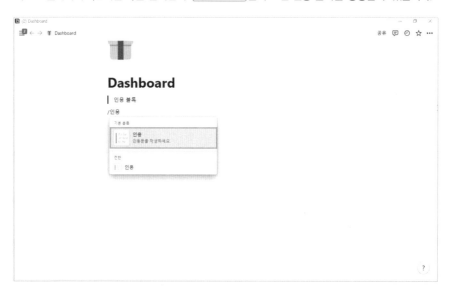

깨알 tip 인용 블록을 두 개 만든 후에 인용 블록을 드래그해서 다른 인용 블록 위로 드롭해보세요. 아래 이미지처럼 인용 블록 안에 다른 인용 블록을 넣을 수 있습니다. `Ctrl` + `Shift` + `↑`/`↓`를 이용해 블록을 이동하여 인용 블록 속에 넣을 수도 있습니다. 인용 블록 속에 인용 블록을 넣고 색깔을 서로 다르게 설정하여 구분할 수도 있습니다.

깨알 tip 인용 블록의 메뉴(⋮⋮) 아이콘을 누르면 인용 블록의 크기를 설정할 수 있습니다.

● **구분선(Divider):** 구분선 블록은 내용을 구분하는 용도로 가로 선을 그리는 블록입니다. 텍스트 블록 맨 앞에서 –(하이픈)을 연속으로 세 번 입력하면 현재 블록 위로 가로 선이 그어집니다.

- **페이지 링크(Link to Page):** 다른 페이지로 이동할 수 있는 링크를 추가합니다. 원본 페이지를 복사하지 않고 링크만 추가하는 기능으로, 클릭하면 해당 페이지로 바로 이동합니다. 페이지 링크로 불러낸 페이지는 페이지 아이콘 오른쪽 하단에 우상향 화살표(↗)가 생성되어 원본 페이지와 구분할 수 있습니다.

- **콜아웃(Callout):** 아이콘과 배경색을 포함한 텍스트 상자를 추가합니다. 텍스트 블록에 배경색을 입힌 것과 달리 위아래 여백과 아이콘, 배경색이 있어서 설명이나 의견을 시각화하기 좋습니다.

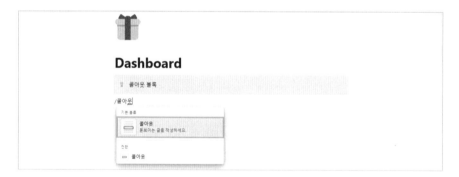

깨알 tip ▶ 콜아웃 블록에 다른 블록들을 드래그해서 넣어보세요. 텍스트, 글머리 기호, 토글, 구분선뿐만 아니라 표, 데이터베이스, 이미지, PDF 등 대부분의 블록을 콜아웃 블록 안으로 옮길 수 있습니다.

한 걸음 더
백링크 기능

백링크(Backlink)는 페이지에 대한 링크 기능 등으로 현재 페이지를 참조한 모든 페이지를 뜻합니다. 현재 보고 있는 페이지가 어딘가에 참조되어 있다면 페이지 제목 아래에 'n개의 백링크'라고 표시되고, 버튼을 클릭하면 참조된 페이지를 확인할 수 있습니다.

백링크 목록을 보고 싶지 않다면 오른쪽 더 보기(…) 아이콘을 클릭하고 [페이지 사용자 지정]을 선택하세요. 백링크 오른쪽에 [팝오버로 표시]를 클릭하고 숨기기를 선택하면 백링크를 숨길 수 있습니다.

▶ 텍스트에 스타일 적용해서 꾸미기

페이지에 입력한 텍스트의 크기나 서체는 스타일 창에서 일괄 변경하는 기능만 제공되지만, 원하는 부분만 선택해서 굵게, 기울임꼴, 취소선, 색상 등의 세부적인 스타일을 변경할 수 있습니다. 먼저 스타일을 지정할 텍스트를 드래그해서 선택하면 다음과 같은 팝업이 나타납니다.

- **굵게(Bold):** 선택한 텍스트를 굵게 처리합니다. 단축키는 Ctrl + B 입니다.

- **기울임꼴로 표시(Italicize):** 선택한 텍스트를 기울임 처리합니다. 단축키는 Ctrl + I 입니다.

- **밑줄(Underline):** 선택한 텍스트에 밑줄을 그어줍니다. 단축키는 Ctrl + U 입니다.

- **취소선(Strikethrough):** 선택한 텍스트에 취소선을 표시합니다. 단축키는 Ctrl + Shift + S 입니다.

- **코드로 표시(Mark as Code):** 선택한 텍스트를 코드로 처리합니다. 단축키는 Ctrl + E 입니다.

- **링크 추가(Add Link):** 선택한 텍스트에 하이퍼링크를 삽입합니다. 단축키는 Ctrl + K 입니다.

- **수학 공식 만들기(Create Equation):** 선택한 텍스트를 수식 형태로 변경합니다. 단축키는 Ctrl + Shift + E 입니다.

- **텍스트 색(Text Color):** 텍스트 색상을 변경하거나 음영을 입힐 수 있습니다. 버튼을 클릭하면 나타나는 팝업 창에서 적용할 색 또는 배경을 선택하면 됩니다. 단축키 Ctrl + Shift + H 를 누르면 마지막으로 사용한 색상 또는 음영이 적용되며, 한 번 더 누르면 기본 검은색으로 변경됩니다.

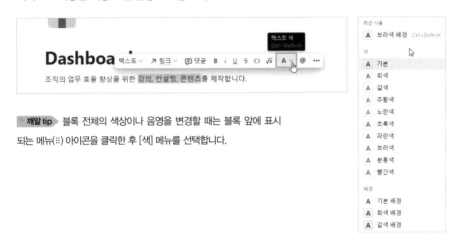

깨알 tip 블록 전체의 색상이나 음영을 변경할 때는 블록 앞에 표시되는 메뉴(⠿) 아이콘을 클릭한 후 [색] 메뉴를 선택합니다.

▶ 블록 종류 자유롭게 변경하기

토글 목록 블록을 페이지 블록으로 변경하여 하위 목록에 포함된 내용으로 별도의 페이지를 만들 수도 있고, 번호 매기기 목록 블록을 한 번에 글머리 기호 목록 블록으로 변경할 수도 있습니다. 간단한 실습으로 블록의 속성을 변경해보겠습니다.

01 속성을 변경하고 싶은 블록을 드래그해서 모두 선택합니다. 서로 다른 속성의 블록이라도 일괄 선택할 수 있습니다.

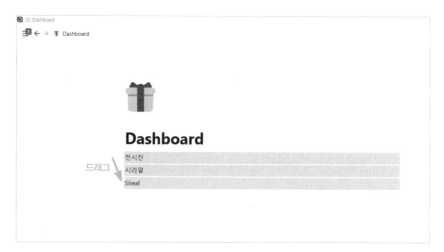

02 선택한 블록으로 마우스 커서를 가져가면 나오는 메뉴(⠿) 아이콘을 클릭한 후 [전환]을 선택합니다.

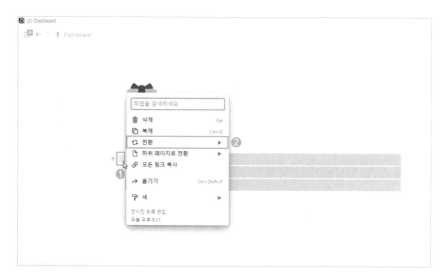

03 변경할 수 있는 블록 목록이 나타나면 변경할 블록을 선택합니다. 여기서는 [글머리 기호 목록]을 선택했습니다.

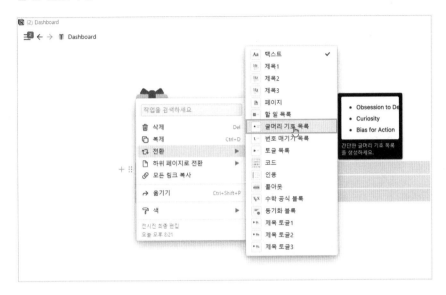

04 텍스트 블록이 글머리 기호 목록 블록으로 변경되었습니다.

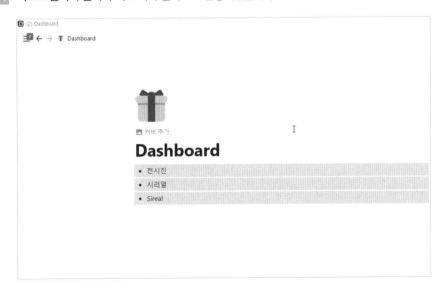

▶ 블록 재사용으로 빠르게 편집하기

페이지를 편집하다 보면 앞서 만든 블록을 복사해서 쓸 때가 있습니다. 이렇게 이미 만든 블록을 복사하는 방법은 크게 두 가지가 있습니다.

복사하여 붙여넣기

일반적인 문서 편집과 마찬가지로 블록을 복사해서 붙여넣을 수 있습니다. 블록을 모두 선택한 후 Ctrl + C 를 눌러 복사하고 원하는 위치에서 Ctrl + V 를 눌러 붙여넣습니다.

복제하기

복사하여 붙여넣는 방법보다 좀 더 편리하게 동일한 블록을 재사용할 수 있습니다. 바로 복제 기능입니다. 복제할 블록에서 메뉴(⠿) 아이콘을 클릭한 후 [복제]를 선택합니다. 단, 복사하여 붙여넣기는 원하는 위치에 바로 붙여넣을 수 있지만 복제 기능은 현재 블록의 바로 아래에 동일한 블록이 생성됩니다.

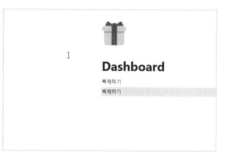

복제하기 기능은 복제할 블록에 마우스 커서를 놓고 단축키 Ctrl + D 를 눌러 더 빠르게 실행할 수 있습니다.

▶ 필요 없는 블록 삭제하거나 이동하기

페이지를 편집하다 보면 실수로 클릭해서 블록을 생성하거나 잘못된 위치에 블록을 생성할 때가 종종 있습니다. 이럴 때를 대비하여 블록을 삭제하거나 옮기는 방법을 알아봅니다.

블록 삭제하기

일반적인 문서 편집과 유사합니다. 삭제할 블록을 모두 선택한 후 [Delete]를 누르면 바로 삭제할 수 있습니다. 메뉴를 이용할 때는 블록을 선택한 후 블록 앞 메뉴(⠿) 아이콘을 클릭하고 [삭제]를 선택합니다.

> 깨알 tip ▶ 블록을 선택할 때 마우스가 아닌 키보드로 선택하고 싶다면 페이지 내에 커서를 놓고 [ESC]를 눌러보세요. 블록을 선택할 수 있습니다. 추가로 [Shift] + [↑]/[↓]/[→]/[←]로 여러 블록을 선택할 수 있습니다.

블록 이동하기

텍스트, 토글 목록, 번호 매기기 목록 등 모든 블록은 간단하게 순서를 변경할 수 있습니다. 이동할 블록의 메뉴(⠿) 아이콘을 클릭한 채 원하는 위치로 드래그합니다.

▶ 블록 이동으로 단 나누기

블록 앞에 있는 메뉴(⠿) 아이콘을 드래그하면 단순하게 위, 아래 위치를 변경하는 것이 아니라 단을 여러 개로 구분할 수 있습니다. 블록의 메뉴(⠿) 아이콘을 클릭한 채 단을 구분할 열에 있는 블록 양 끝으로 드래그합니다. 만약 옮긴 블록을 오른쪽 단에 배치할 때는 오른쪽 끝으로 드래그하면 됩니다. 이렇게 단을 나눈 후에 다른 블록도 각 단 아래로 드래그하여 배치할 수 있습니다.

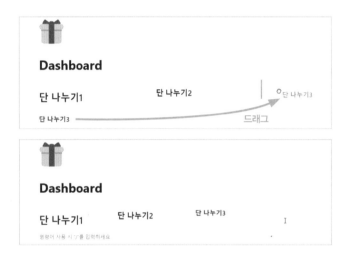

또는 블록을 모두 선택하고 메뉴(⠿) 아이콘을 클릭한 후 **[전환]** – **[열]**을 선택하면 한 번에 여러 단으로 배치됩니다.

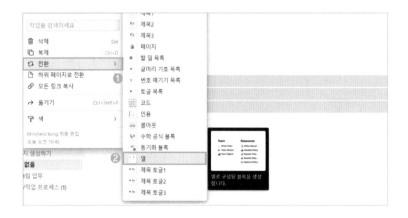

Notion 04 실전! 대시보드 페이지 만들기

지금까지 배운 페이지 및 블록 관련 기능들을 직접 실습하면서 하나의 완결된 대시보드 (Dashboard) 페이지를 만들어보겠습니다. 이렇게 만든 대시보드 페이지에 필요한 페이지를 추가해서 일상이나 업무에 바로 활용할 수 있습니다.

대시보드 페이지 생성하기

01 왼쪽 사이드바에서 [+ 새 페이지]를 클릭합니다.

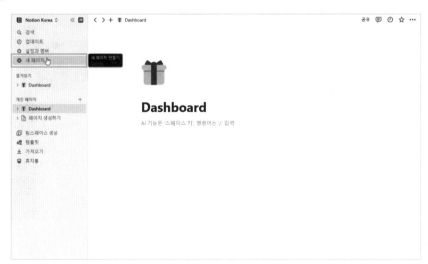

02 새 페이지 생성하기 창이 열리면 제목에 '대시보드'를 입력한 후 [빈 페이지]를 클릭합니다.

> **깨알 tip** [빈 페이지]로 페이지를 생성한 후 아이콘을 추가하려면 제목 입력란에 마우스 커서를 가져가 [아이콘 추가]를 클릭합니다.

카테고리 만들기

03 아래와 같이 새로 만든 페이지에 아이콘과 커버 등을 추가하여 꾸민 후, 콘텐츠를 구분하기 위해 텍스트 블록을 만들어 카테고리 이름을 입력합니다.

04 카테고리를 입력한 텍스트 블록을 드래그해서 모두 선택한 후 블록 메뉴(⠿) 아이콘을 클릭하고 [전환 – 제목 3]을 선택합니다.

05 텍스트 블록이 제목 3 블록으로 바뀌면서 텍스트가 좀 더 눈에 띄게 커졌습니다.

단 구분하기

06 카테고리로 쓸 블록을 하나의 열에 3단으로 구분하겠습니다. 두 번째 블록의 메뉴(⁞⁞) 아이콘을 클릭한 채 첫 번째 블록의 오른쪽 끝으로 드래그합니다. 세로 막대가 표시되는 위치까지 드래그해야 합니다.

07 계속해서 남은 블록도 첫 번째 블록의 오른쪽 끝으로 옮겨 3단으로 구성합니다.

하위 페이지 추가하기

08 각 카테고리 아래에 하위 페이지를 추가하겠습니다. 첫 번째 카테고리 아래로 마우스 커서를 옮긴 후 [+] 아이콘을 클릭하고 새로 생성할 페이지의 이름을 텍스트 블록으로 입력합니다.

09 추가된 텍스트들을 모두 선택한 뒤 블록 메뉴(⠿) 아이콘을 클릭하고 [전환 – 페이지]를 선택합니다.

10 같은 방법으로 각 카테고리에 맞는 하위 페이지를 추가, 배치하여 대시보드 페이지를 완성합
니다.

이미지부터 영상까지 삽입하는 미디어 블록

Notion은 All-in-one-workspace(모든 업무를 한곳에서)를 지향하는 만큼 가져오기 기능으로 외부 데이터를 쉽게 가져올 수 있을 뿐만 아니라 미디어 블록으로 다양한 형태의 데이터를 삽입할 수 있습니다. 미디어 블록은 총 여섯 종류로 이미지, 북마크, 동영상, 오디오, 코드, 파일 블록입니다.

▶ 이미지, 동영상, 오디오, 파일 블록

미디어 블록 중 대표적인 블록인 이미지, 동영상, 오디오, 파일 블록은 사용 방법이 동일합니다. 여기서는 가장 흔하게 쓰는 이미지 블록을 예로 들어 설명하겠습니다. 이미지 블록은 컴퓨터 폴더에 있는 사진을 Notion 페이지로 드래그하는 방법과, 이미지 블록을 추가하면 나오면 팝업 창을 이용하는 방법으로 활용할 수 있습니다.

드래그해서 이미지 추가하기

드래그하는 방법은 컴퓨터 바탕화면이나 탐색기에 있는 이미지 파일을 Notion으로 드래그해서 놓는 방법입니다. Notion에서 이미지를 자동으로 인식하여 이미지 블록이 생성됩니다.

이미지 블록 생성하기

이미지 블록을 생성한 후에는 컴퓨터에 있는 파일을 삽입할 수 있고, 웹 주소를 입력하여 웹에 있는 이미지를 삽입할 수도 있습니다. 실습으로 살펴보겠습니다.

01 페이지에서 블록을 추가할 위치를 클릭해서 텍스트 블록이 생성되면 [+] 아이콘을 클릭합니다. 다음과 같이 블록 선택 창이 열리면 스크롤을 내려 [이미지]를 선택합니다.

02 이미지 블록이 생성되며 파일을 업로드할 수 있는 팝업 창이 나타납니다. 팝업 창에는 [업로드] 탭과 [링크 임베드] 탭이 있으며, 저장된 이미지를 삽입하려면 [업로드] 탭에서 [파일 업로드]를 클릭하고 파일을 선택합니다.

03 웹에 있는 이미지를 삽입하려면 원하는 이미지가 있는 웹사이트에 접속한 후 해당 이미지 주소를 복사합니다. 원하는 이미지에서 마우스 오른쪽 버튼을 클릭하고 [이미지 주소 복사]를 선택합니다.

04 이미지 블록을 클릭하고 [링크 임베드] 탭을 클릭한 후 입력란에 복사한 주소를 붙여넣고(단축키 Ctrl + V) [이미지 임베드]를 클릭합니다.

깨알 tip 개인 요금제에서 삽입할 수 있는 이미지 파일의 최대 용량은 5MB입니다. 유료 요금제로 업그레이드하면 용량에 관계없이 파일을 업로드할 수 있습니다.

▶ 즐겨찾기 웹사이트를 관리하는 북마크 블록

Notion에는 즐겨찾는 웹사이트 주소를 카드 형태로 보관하고 관리할 수 있는 북마크 블록
이 있습니다. 두 가지 방법으로 쓸 수 있는데, 가장 간편한 방법은 즐겨찾는 웹사이트 주소
를 복사한 후 Notion 페이지에 붙여넣는 것입니다. 웹사이트 주소를 붙여넣으면 다음과
같이 팝업 메뉴가 나타나고, 여기서 [북마크 생성]을 선택하면 북마크 블록이 생성됩니다.

다음으로는 북마크 블록을 먼저 생성한 후 즐겨 찾는 웹사이트 주소를 추가하는 방법입니
다. 이미지 블록과 같은 방법으로 블록 목록에서 [북마크]를 선택해서 블록을 생성하고, 팝
업 창에 즐겨 찾는 웹사이트 주소를 입력한 후 [북마크 생성]을 클릭합니다.

▶ 프로그래밍도 Notion에서, 코드 블록

Notion에서는 프로그래밍을 위한 코드 화면도 지원합니다. 블록 목록에서 **[코드]**를 선택해서 Code 블록을 생성하면 다음과 코드 창이 나타나고, 오른쪽 하단에서 사용할 프로그래밍 언어를 선택할 수 있습니다.

▲ 코드 블록과 사용 가능한 프로그래밍 언어

Notion
06

거의 모든 서비스를 삽입하는
임베드 블록

Notion에는 임베드 기능으로 외부에서 작업한 이미지, 동영상, 음성, PDF, Twitter, Google Maps 등 다양한 서비스를 Notion에서 보면서 관리할 수 있습니다. 기본적으로 여기저기를 왔다갔다하는 수고를 덜 수 있을 뿐만 아니라 해당 페이지를 공유하여 효율적인 협업 환경을 구축할 수 있습니다.

▶ 임베드 기능으로 삽입할 수 있는 서비스

임베드 블록으로 삽입할 수 있는 서비스는 PDF 파일부터 Google 드라이브, Tweet, Github Gist, Google Maps, Figma, Abstract, InVision, Framer, Whimsical, Miro, Sketch, Excalidraw, PDF, Loom, Typeform, CodePen, Replit, Hex, Deepnote, GRID, Jira, GitHub, Slack, Asana, Trello, Pitch, Dropbox, Zoom, OneDrive, Amplitude 등 다양합니다. 임베드 기능을 쓰는 방식은 다음과 같이 삽입할

도구의 URL을 붙여넣고 표시되는 팝업 메뉴에서 임베드 관련 메뉴를 선택하는 것입니다.

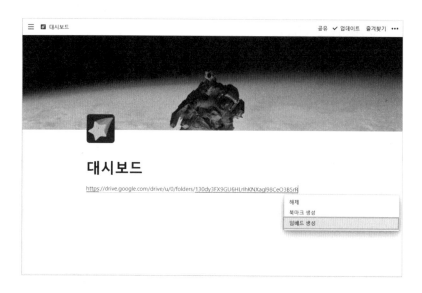

아래 서비스들도 모두 URL를 복사하여 붙여넣으면 임베드 블록으로 삽입할 수 있습니다.

- **Google 드라이브:** Google 문서, 스프레드시트, 프레젠테이션 등 Google 드라이브로 만들어진 파일을 삽입하여 Notion 페이지에서 볼 수 있습니다.

- **Twitter:** Twitter의 트윗을 삽입합니다.

- **GitHub Gist:** Gist의 코드를 삽입하며, Notion 페이지에서 코드를 바로 보고 수정할 수 있습니다.

- **Framer:** Framer로 작업한 프로토타입 디자인을 Notion 페이지에서 확인할 수 있으며, 시연도 가능합니다.

- **InVision:** InVision으로 작업한 디자인 프로젝트를 Notion 페이지에 나타냅니다.

- **Figma:** Figma로 작업한 디자인 프로젝트를 Notion 페이지에 나타냅니다.

- **Loom:** Loom에 업데이트된 영상을 Notion 페이지에서 직접 볼 수 있습니다.

- **Typeform:** Typeform으로 만든 설문지를 Notion 페이지에서 작성하고 제출할 수 있습니다.

- **CodePen:** CodePen으로 작업하는 html/css 코드를 Notion 페이지에 나타냅니다.

- **Google Maps:** Google Maps의 위치 정보를 임베드하여 링크를 클릭하지 않고도 지도를 바로 볼 수 있습니다. 자세한 사항은 131쪽에서 확인해보세요.

- **Abstract:** Abstract로 작업한 디자인 프로젝트를 Notion 페이지에 나타냅니다.

- **Whimsical:** Whimsical 서비스에서 만든 플로차트, 마인드맵, 와이어프레임 등을 임베드하고 변 경 내용도 확인할 수 있습니다.

- **Miro:** Miro 서비스에서 만든 화이트보드, 마인드맵 등을 임베드하여 변경 내용도 확인할 수 있습 니다.

- **PDF:** PDF 파일을 임베드하여 파일을 다운로드하지 않아도 내용을 바로 읽을 수 있습니다.

- **Sketch:** Sketch에서 작업한 파일을 Notion 페이지에 나타냅니다.

- **Excalidraw:** Excalidraw에서 작업한 화이트보드를 Notion 페이지에 나타냅니다.

- **Replit:** Replit에서 작업한 브라우저를 Notion 페이지에 나타냅니다.

- **Hex:** Hex에서 작업한 프로젝트를 Notion 페이지에서 미리 볼 수 있습니다.

- **Deepnote:** Deepnote 작업한 블록을 Notion 페이지에서 미리 볼 수 있습니다.

- **GRID:** GRID에서 작업한 차트나 계산기를 Notion 페이지에서 미리 볼 수 있습니다.

- **Jira:** Jira에서 작업한 카드를 Notion 페이지에서 미리 볼 수 있습니다.

- **GitHub:** GitHub의 프로젝트나 이슈를 Notion 페이지에서 미리 볼 수 있습니다.

- **Slack:** Slack의 메시지를 Notion 페이지에서 미리 볼 수 있습니다.

- **Asana:** Asana의 Task를 Notion 페이지에서 미리 볼 수 있습니다.

- **Trello:** Trello의 카드를 Notion 페이지에서 미리 볼 수 있습니다.

- **Pitch:** Pitch에서 작업한 프레젠테이션을 Notion 페이지에서 미리 볼 수 있습니다.

- **Dropbox:** 업로드된 파일을 Notion 페이지에서 미리 볼 수 있습니다.

- **Zoom:** Zoom의 화상 회의를 위한 링크를 Notion 페이지에 나타냅니다.

- **OneDrive:** OneDrive에 업로드된 파일을 Notion 페이지에서 미리 볼 수 있습니다.

- **Amplitude:** Amplitude의 차트를 Notion 페이지에 나타냅니다.

▶ 풍성한 Notion을 책임질 임베드 블록 활용하기

임베드 블록의 하위에는 각 서비스별로 세부 블록이 있지만 실질적으로 임베드 블록으로 거의 모두 해결할 수 있습니다. 또한 앞서 소개한 공식적으로 지원되는 서비스 외에도 임베드 블록을 이용하여 유튜브, 블로그, Google 데이터 스튜디오 등 공유 링크가 있는 서비스라면 삽입해서 활용할 수 있습니다.

01 임의의 블록을 생성한 후 왼쪽에 표시된 [+] 아이콘을 클릭합니다. 다음과 같이 블록 목록이 나타나면 [임베드]를 선택합니다.

02 팝업 창이 나타나면 삽입하고 싶은 서비스의 링크를 붙여넣고 [링크 임베드]를 클릭합니다.

03 PDF 파일과 같은 파일을 삽입하려면 팝업 창에서 [업로드] 탭을 클릭한 후 [파일을 선택하세요]를 클릭하면 됩니다. [완료]를 클릭합니다.

> **깨알 tip** 파일을 Notion으로 그냥 드래그하면 임베드가 아닌 첨부 형태로 추가됩니다.

▶ 여행 계획에 효과적인 Google Maps 블록

여행 일정, 나만의 맛집 등을 관리하는 용도로 Google Maps를 많이 사용합니다. 이런 Google Maps를 Notion에 삽입하면 지도와 함께 여행, 맛집 데이터베이스 등을 좀 더 쉽게 관리하거나 여행 계획을 공동으로 관리할 수도 있습니다.

01 Google Maps(www.google.com/maps)에 접속하여 왼쪽 상단 메뉴(≡) 아이콘을 클릭하고 [저장됨]을 클릭합니다.

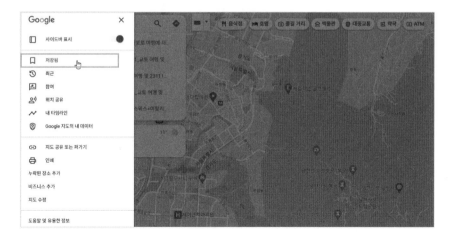

02 내 장소 내에서 관리 중인 지도 목록이 있는 [지도] 탭을 클릭한 후 Notion에 삽입할 지도를 선택합니다.

03 선택한 지도의 상세 목록이 표시되면 가장 상단에 있는 [내 지도에서 열기]를 클릭합니다.

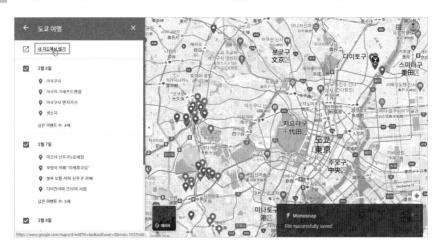

04 이어서 [공유]를 클릭해서 권한을 [링크가 있는 사용자는 누구나 볼 수 있음]으로 변경하고 웹 브라우저 주소 창에 있는 주소를 복사합니다. [닫기]를 클릭합니다.

05 Notion에서 새로운 블록을 추가한 후 /google map을 입력하여 [Google Maps]를 선택합니다.

06 Google Maps 블록이 생성되면 팝업 창에 앞서 복사한 공유 링크를 붙여넣고 [지도 임베드]를 클릭합니다.

07 Notion 페이지에 내 지도가 삽입된 것을 확인할 수 있습니다.

Google Maps 주소로 지도 삽입하기

Google 드라이브의 문서를 삽입하는 것처럼 Google Maps도 지도 링크를 그대로 붙여넣으면 아래와 같이 팝업 메뉴가 나타나고 여기서 [Google Map 임베드]를 선택하면 좀 더 편리하게 Google Maps를 삽입할 수 있습니다.

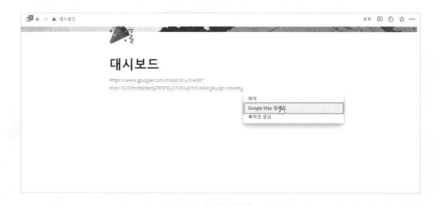

▶ Google 스프레드시트 가져오기

Notion의 데이터베이스에서 쓸 수 없는 기능이나, 대용량 데이터의 경우 Google 스프레드시트를 이용하기 마련입니다. 이때 Google 스프레드시트도 Notion에 임베드하면 Google 스프레드시트를 따로 찾아가지 않아도 내용을 모두 볼 수 있습니다.

01 임베드하고 싶은 Google 스프레드시트에 접속하고 오른쪽 상단 [공유]를 클릭합니다.

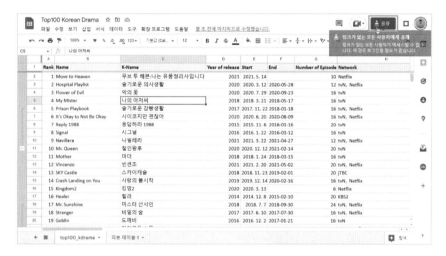

02 공유 창에서 엑세스 권한을 [링크가 있는 모든 사용자에게 공유]로 설정하고 [링크 복사]를 클릭합니다.

03 /임베드를 입력하고 임베드 블록을 생성합니다.

04 복사한 링크를 붙여넣고 [링크 임베드]를 클릭합니다.

05 창 조절 핸들을 선택하여 창의 크기를 조절합니다.

06 Google 스프레드시트의 내용을 확인할 수 있습니다.

▶ Notion에서 PDF 파일 내용 바로 확인하기

PDF 파일을 삽입하는 것은 이미지를 업로드하는 방식과 유사합니다. 단, 컴퓨터 폴더에서 드래그하면 삽입이 아닌 첨부 형태로 업로드되기 때문에 내용을 바로 확인하는 것이 아니라 파일을 다운로드만 할 수 있습니다. PDF 파일의 내용을 Notion에서 바로 볼 수 있는 삽입 방법을 알아보겠습니다.

01 블록을 추가한 후 [+] 아이콘을 클릭하고, 블록 목록에서 [PDF]를 선택합니다.

02 PDF 블록이 생성되면서 팝업 창이 나타납니다. 여기서 [파일을 선택하세요]를 클릭하고 원하는 PDF 파일을 찾아 선택합니다.

03 Notion 페이지에 PDF가 삽입되어 바로 내용을 확인할 수 있습니다.

PDF 내용 검색하기

OCR(Optical Character Recognition) 기능이 적용된 PDF 파일이라면 PDF를 임베드하고 Ctrl + F 를 눌러 검색어를 입력해보세요. PDF 내 단어를 검색할 수 있습니다.

Notion 07 이런 것까지 가능해? 고급 블록

고급 블록은 사용자에 따라 많이 쓰지 않을 수 있지만 알아놓으면 "이런 기능까지 있어?" 라고 생각할 수 있는 블록들입니다. 제목 블록의 생성에 자동 연동되어 목차를 만들어주는 목차 블록, 이공 계열 업무에 유용한 수학 공식 블록, 일반 직장인이 많이 쓸만한 템플릿 버튼 블록으로 필요한 서식을 만들어 활용할 수 있습니다. 또한 페이지의 구조가 복잡할 때 현재 페이지의 위치를 바로 확인할 수 있는 이동 경로 블록도 있습니다. 하나의 블록을 여러 페이지에 복사해 동기화하는 동기화 블록, 토글 블록을 제목 블록처럼 쓸 수 있는 제목 토글 1, 2, 3도 있으니 하나씩 살펴보죠.

▶ 자동으로 목차를 생성해주는 목차 블록

목차 블록은 MS Word, Google 문서처럼 자동으로 목차를 생성해주는 블록입니다. 목차 블록을 추가하고 이어서 제목 1, 2, 3 블록을 추가하면 제목 블록의 글자를 활용해 자동으로 목차를 생성합니다.

▶ 수학 기호를 쓰려면 수학 공식 블록

수학 공식 블록은 특정 연산자를 입력하면 수학 기호로 바꿔 보여주는 블록입니다. 다른 블록과 마찬가지로 블록을 추가한 후 [+] 아이콘을 클릭하고 블록 목록에서 **[수학 공식 블록]**을 선택하면 수학 공식 블록이 추가되며, TeX 방정식을 입력하면 수식이 완성됩니다.

▲ TeX 방정식 에디터 역할을 하는 수학 공식 블록

▶ 수식 샘플 넣기

Notion에서 수식을 입력하는 방식은 두 가지가 있습니다. 인라인 수학 공식 블록을 통해 텍스트와 함께 사용하는 방식, 수학 공식 블록을 통해 블록 전체가 수식이 되는 방식입니다. /(슬래시)를 입력해 원하는 블록을 생성하고 다음 방법을 따라 해보세요. 샘플을 통해 쉽게 수식을 익히고 Notion에 나타냅니다.

01 TeX equation editor(atomurl.net/math)에 접속합니다.

02 스크롤을 내려 원하는 수식 샘플을 선택한 후 텍스트 상자의 수식을 복사합니다.

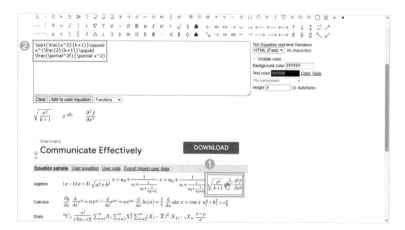

03 Notion에서 수학 공식 블록을 만든 후 복사한 텍스트를 붙여넣고 [완료]를 클릭합니다.

04 Notion에 수식이 입력된 것을 볼 수 있습니다.

▶ 반복되는 업무 서식을 만드는 템플릿 버튼 블록

미리 지정해둔 내용을 똑같이 생성해주는 블록입니다. 회의록이나, 강의 노트, 질의응답, 일간 계획처럼 반복적으로 쓰는 서식은 템플릿 버튼 블록으로 만들 수 있습니다. 템플릿 버튼 블록을 생성하면 다음과 같이 버튼 이름 입력란과 템플릿 입력란이 표시됩니다. 위쪽에 사용할 서식 이름을, 아래쪽에 반복해서 생산할 서식을 완성하고 [닫기]를 클릭합니다.

▲ 템플릿 버튼 블록

깨알 tip ▷ 템플릿 버튼 블록의 사용 방법은 296쪽에서 실습을 통해 자세히 살펴보겠습니다.

▶ 페이지 내비게이터 역할을 하는 이동 경로 블록

이동 경로 블록은 영어로 빵 부스러기를 뜻하는 'Breadcrumb'이라고 하는데, 동화 '헨젤과 그레텔'에서 주인공이 빵 부스러기를 주우며 집으로 돌아가는 걸 연상해서 만든 IT 용어입니다.

Notion에서도 내비게이터의 역할을 하며 페이지 구조가 복잡할 때 다음과 같이 이동 경로 블록을 추가해놓으면 현재 페이지의 위치 파악은 물론 클릭해서 상위 페이지로 빠르게 이동할 수도 있습니다.

이동 경로 블록에서 가장 왼쪽에 있는 페이지가 최상위 페이지이며, 오른쪽으로 갈수록 하위 페이지입니다.

▶ 제목 블록 속에 내용을 넣을 수 있는 제목 토글 블록

제목 블록을 통해 자동 목차가 생성되는데, 각 제목별 내용이 길어진다면 문서를 한눈에 보기 어려울 것입니다. 따라서 제목 블록이 아닌 제목 토글 블록을 생성해 필요한 내용을 넣어두면 목차 블록과 연동하여, 목차에는 제목이 나타나지만 내용은 숨겨져 있는 형태로 문서를 정리할 수 있습니다.

템플릿 페이지 만들고 활용하기

지금까지 꾸준하게 따라왔다면 이제 어느 정도 Notion을 활용할 수 있게 되었을 겁니다. 그런데 여전히 Notion을 어떻게 활용해야 할지 모르겠다고요? 걱정하지 마세요. 여러분을 위해 Notion에서 준비한 기능이 있습니다. 바로 템플릿입니다. 이번에는 여러 사용자를 위해 Notion을 쉽게 활용할 수 있도록 제공하는 기본 템플릿에 대해 알아보겠습니다.

> **깨알 tip** ▶ 템플릿(Template)은 파워포인트를 사용해봤다면 한 번쯤 들어봤을 겁니다. '서식', '양식', '견본'이라고도 하죠. 미리 만들어둔 템플릿에 사용자는 내용만 채워 넣어서 쓰면 됩니다.

▶ Notion에서 제공하는 기본 템플릿 쓰기

처음 시작하는 사용자를 위해 Notion에서는 친절하게도 템플릿을 만들어 제공하고 있습니다. 왼쪽 사이드바에서 [+ 새 페이지]를 클릭하거나 원하는 상위 페이지에서 [+] 아이콘을 클릭하여 페이지를 추가하면 나오는 새 페이지 생성하기 창에서 [템플릿]을 클릭하면 원하는 템플릿을 선택해서 쓸 수 있습니다.

깨알 tip 새 페이지 생성하기 창에서 페이지 이름을 작성한 후 [템플릿]을 클릭하면 작성한 이름의 페이지와 템플릿이 적용된 페이지가 각각 생성됩니다. 그러므로 위와 같이 새 페이지 생성하기 창에서 페이지 이름을 작성하지 않은 채 [템플릿]을 클릭해야 합니다.

노션의 템플릿은 22년 말 30여 개였으나 1년이 지난 시점에 100여 개로 3배 이상 증가하였으므로, 이후로도 꾸준히 증가할 것으로 예상됩니다. 템플릿 팝업 창이 열리면 왼쪽 위에서 카테고리를 선택할 수 있습니다. 업무, 학교, 개인, 프로젝트 중에서 카테고리를 선택하면 사이드바에 해당 카테고리에 포함된 템플릿 목록이 표시됩니다.

▲ 노션 공식 템플릿 카테고리

원하는 카테고리에서 원하는 템플릿을 선택하면 다음과 같이 사이드바 오른쪽에는 템플릿의 미리 보기 화면이 보이고, 아래에는 템플릿에 대한 간단한 설명과 **[템플릿 사용하기]** 버튼이 표시됩니다. 이 버튼을 클릭하면 곧바로 해당 템플릿이 적용된 새로운 페이지가 생성됩니다.

▲ 업무 카테고리에 있는 [프로젝트와 작업] 템플릿

깨알 tip 템플릿 팝업 창의 사이드바에서 가장 아래쪽에 있는 [템플릿 더 보기]를 클릭하면 노션 공식 템플릿 웹사이트가 열립니다. 여기에는 노션 자체 제작 템플릿뿐만 아니라 노션 사용자들이 만든 템플릿도 함께 공유되어 있으며, 무료 또는 유료로 구매하여 사용할 수 있습니다.

▶ 기본 템플릿 종류별 기능 살펴보기

기본 템플릿은 업무, 학교, 개인, 프로젝트, 위키, 문서 총 6개의 카테고리가 있습니다. 대표적인 템플릿의 종류와 언제 쓰면 좋을지를 간단히 소개하겠습니다.

- **업무:** 회사에서 업무를 관리할 때 사용하는 템플릿 모음입니다. '프로젝트와 작업'을 이용해 기본적인 프로젝트 및 할 일을 관리할 수 있으며 회의, 문서, 위키 등 다양한 템플릿들을 만날 수 있습니다. 기획자, 마케터, 디자이너, 개발자 등 직군별 템플릿이 있으므로 본인의 업무에 맞는 템플릿을 선택하면 편리하게 업무를 정리할 수 있습니다.

- **학교:** 학교에 다니는 학생, 교직원 들을 위한 템플릿 모음입니다. '학생용 대시보드'를 활용해 학생이 노션으로 관리할 수 있는 다양한 문서를 한 번에 다운로드하여 사용할 수 있습니다. 학생들을 위해 수업 중에 사용하는 강의 노트, 강의 일정, 코넬 노트 등이 있고, 선생님이나 교수님을 위해 출석부, 강의 홈페이지, 수업 계획, 강의 계획서 등이 있습니다.

- **개인:** 노션을 사용하는 개인을 위한 템플릿 모음입니다. 특정 직업에 관계없이 누구나 사용할 수 있는 주간 일정, 일기, 독서 리스트, 여행 플래너, 습관 트래커 등이 있습니다. 누군가의 추천이나 우연히 노션을 처음 접한 사람이 아직 사용 목적을 찾지 못했을 때 누구나 쉽게 접근할 수 있습니다.

- **프로젝트:** 진행 중인 프로젝트를 관리할 수 있는 템플릿 모음입니다. 기본적인 프로젝트와 할 일 관리부터, IT회사에서 많이 사용하는 스프린트 템플릿도 사용해 볼 수 있습니다. 또한, 콘텐츠 캘린더, 블로그 편집 캘린더, SNS 캘린더 등을 통해 마케터들의 콘텐츠를 관리할 수 있으며 HR 담당자들의 신입 사원 온보딩, 채용 관리, 입사 지원자 관리 등에 관한 템플릿도 볼 수 있습니다.

- **위키:** 사내 정보를 한 곳에 모을 수 있는 위키 템플릿 모음입니다. 개발자, 기획자, 영업 부서의 위키 등이 있으며 로고, 컬러, 무드보드 같이 브랜드 자산을 모으거나 사용자들의 후기를 모으는 등 사내에서 직원들이 만든 각종 정보와 지식을 한 곳에 모을 수 있습니다. 회사 대시보드나 직원 목록들도 파악할 수 있습니다.

- **문서:** 각종 문서들이 있는 템플릿 모음입니다. 기획서, 제품 스펙, 프레젠테이션, 브레인스토밍 등 사내에서 사용할 수 있는 문서 템플릿들을 볼 수 있으며 브리프, 인터뷰 가이드, 제품 FAQ 등 고객들에게 보내는 문서의 서식도 볼 수 있습니다.

▶ 다른 사용자가 만든 페이지 복사해서 쓰기

Notion에서 제공하는 템플릿 이외에 다른 Notion 사용자가 만들어 관리 중인 페이지가
마음에 든다면 그 페이지를 복사해서 템플릿으로 쓸 수 있습니다. 해당 페이지가 읽기 허
용이고, 템플릿으로 복제 허용 상태라면 페이지 오른쪽 위에 있는 **[복제]**를 클릭해서 복제할
워크스페이스를 선택하면 됩니다. 전체 공개 설정과 관련한 내용은 341쪽을 참고하세요.

복제한 페이지가 수정되지 않는다면?

복제한 페이지를 수정하려고 하는데, 수정이 되지 않을 수도 있습니다. 이 경우 페이지 잠금
이 걸려 있을 확률이 큽니다. 해당 페이지에서 오른쪽 상단에 있는 더 보기(…) 아이콘을 클
릭한 후 [페이지 잠금] 옵션을 확인해보세요.

Chapter 03

데이터베이스를 알아야
진정한 Notion 사용자

지금까지 살펴본 Notion의 기본 기능들은 식물에 비유하자면 뿌리와 줄기 정도입니다.

기본, 미디어 블록을 사용하고, 템플릿을 아무리 가져다 쓴다고 하더라도

Notion을 제대로 사용할 줄 안다고 말할 수 없을 것입니다.

그 이유는 바로 Notion의 '꽃'이라고 할 수 있는 데이터베이스를 배우지 않았기 때문입니다.

Notion
01
Notion의 꽃,
데이터베이스 알고 가기

데이터베이스 블록은 정보를 스프레드시트, 칸반보드, 리스트, 섬네일, 달력, 간트 차트 형태로 볼 수 있게 만들어주는 블록으로, Notion에서는 이들 각각을 표, 보드, 리스트, 갤러리, 캘린더, 타임라인 보기라고 말합니다.

데이터베이스 블록의 가장 큰 장점은 하나에 정보를 입력해두면 같은 내용을 다시 작성할 필요 없이 표, 보드, 리스트, 갤러리, 캘린더, 타임라인 보기를 바로 변경해서 확인할 수 있다는 점입니다. 이를 통해 일정 관리(캘린더)나 프로젝트 진행 현황(보드), 디자인 시안 검토(갤러리) 등을 좀 더 편리하게 확인할 수 있습니다. 또한 데이터베이스 블록의 링크를 복사해 현재 페이지 혹은 다른 페이지에서 다른 형태로 보거나 수정 및 편집 등을 할 수도 있습니다. 데이터베이스 블록의 하위 블록과 특징을 자세히 살펴보겠습니다.

깨알 tip Chapter 03에 소개된 예시 데이터베이스는 저자가 제공하는 실습 페이지(https://www.sireal.co/book-chapter3-database)에 접속하면 Notion으로 확인할 수 있습니다.

▲ 다양한 형태로 살펴볼 수 있는 데이터베이스 블록

▶ 페이지 위치에 따른 데이터베이스 블록의 구분

데이터베이스 블록은 표, 보드, 갤러리, 리스트, 캘린더, 타임라인 보기, 6가지가 있지만, 데이터베이스를 다른 블록들과 함께 작성할지(인라인), 데이터베이스로만 이루어진 페이지를 따로 만들지를 구분해서 생성합니다. 인라인으로 데이터베이스 블록을 만들면 현재 페이지에 다른 종류의 블록을 추가로 구성할 수 있지만, 전체 페이지로 만들면 해당 페이지에는 데이터베이스 블록 이외에 다른 내용을 입력할 수 없습니다.

인라인으로 데이터베이스 블록 만들기

데이터베이스 블록을 추가할 페이지를 추가로 생성하거나 원하는 페이지로 이동합니다. 기본으로 텍스트 블록이 생성되면 [+] 아이콘을 클릭해서 데이터베이스 섹션 중 [**데이터베이스 – 인라인**] 블록을 클릭해 생성합니다.

▲ 인라인으로 생성한 표 블록

또는 데이터베이스 블록의 하위 블록 중 [표 보기], [캘린더 보기] 등을 선택하면 다음과 같이 기존 데이터베이스를 불러올 수 있으며, 여기서 [새 데이터베이스 생성]을 클릭하면 새로운 데이터베이스를 만들 수 있습니다.

전체 페이지로 데이터베이스 블록 만들기

전체 페이지로 데이터베이스 블록을 만드는 방법은 두 가지가 있습니다. 하나는 앞에서 살펴봤듯 임의의 페이지에서 블록 목록을 펼친 후 데이터베이스 블록의 하위 블록 중 [데

이터베이스 - 전체 페이지] 블록을 선택하는 것입니다. 이렇게 블록을 생성하면 현재 페이지의 하위 페이지로 데이터베이스 페이지가 추가됩니다. 두 번째는 새 페이지를 생성할 때 바로 데이터베이스 페이지로 생성하는 방법입니다.

01 특정 페이지의 하위 페이지로 새 페이지를 생성하기 위해 사이드바에서 상위 페이지로 사용할 페이지 이름 오른쪽에 있는 [+] 아이콘을 클릭합니다. 새 페이지 생성하기 창이 열리면 데이터베이스 항목에서 원하는 데이터베이스 보기 방식을 선택합니다. 여기서는 [표]를 클릭합니다.

02 기존 데이터베이스 선택 창이 나타나면 아래쪽에 있는 [새 데이터베이스 생성]을 클릭합니다.

03 새 페이지에 표 블록이 생성됩니다. 전체 페이지 형태에서는 데이터베이스 외에 어떠한 블록도 추가할 수 없습니다.

> **깨알 tip** ▸ 기본으로 생성된 데이터베이스에는 이름, 태그 속성(열)이 있으며 오른쪽 끝에 있는 [+] 아이콘을 클릭해서 속성을 추가할 수 있습니다.

🕵️ ─ 한 걸음 더
데이터베이스 페이지 보기 옵션 변경하기

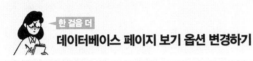

데이터베이스 내 페이지를 열었을 때 팝업으로 열렸다면 왼쪽 상단 사각형 아이콘을 클릭해 보세요. 데이터베이스 페이지를 열 때 보기 옵션을 변경할 수 있습니다. 팝업 형태의 페이지는 [중앙에서 보기]이며, [기본 보기 변경]을 통해 [사이드 보기] 또는 [전체 페이지 보기]로 변경할 수 있습니다. 또는 [보기 설정 – 레이아웃]에 들어가면 [페이지 보기 선택]을 통해 데이터베이스 페이지를 여는 보기 방식을 변경할 수 있습니다.

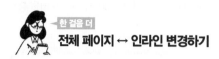

한 걸음 더
전체 페이지 ↔ 인라인 변경하기

전체 페이지로 만든 데이터베이스를 인라인 형태로 변경하거나, 인라인으로 만든 데이터베이스를 전체 페이지 형태로 변경할 수 있습니다.

인라인 → 전체 페이지

인라인에서 전체 페이지로 바꿀 때는 해당 데이터베이스 블록 왼쪽에 표시되는 블록 메뉴 (⠿) 아이콘을 클릭한 후 [페이지로 전환]을 클릭합니다.

전체 페이지 → 인라인

전체 페이지에서 인라인으로 바꿀 때는 한 가지 조건이 필요합니다. 인라인으로 바꾸려는 데이터베이스 페이지가 특정 페이지의 하위 페이지여야 한다는 것입니다. 즉, 특정 페이지에 전체 페이지 형태의 데이터베이스 페이지가 포함된 형태라면 일반적인 블록 형태를 변경하는 것과 같습니다. 해당 페이지 블록 왼쪽에 표시되는 메뉴(⠿) 아이콘을 클릭한 후 [인라인으로 전환]을 클릭합니다.

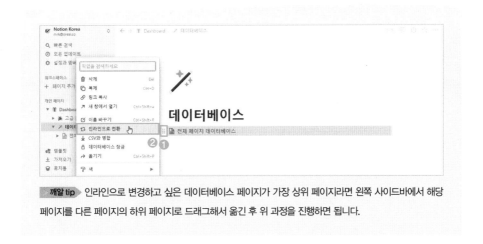

깨알 tip 인라인으로 변경하고 싶은 데이터베이스 페이지가 가장 상위 페이지라면 왼쪽 사이드바에서 해당 페이지를 다른 페이지의 하위 페이지로 드래그해서 옮긴 후 위 과정을 진행하면 됩니다.

다양한 형태의 보기 추가하기

데이터베이스 블록에는 표 보기, 보드 보기, 캘린더 보기, 리스트 보기, 갤러리 보기, 타임라인 보기 등 6가지 보기(View)가 있습니다. 데이터베이스에서는 6가지 보기를 각각 생성하는 것뿐만 아니라 동일한 종류의 보기를 여러 개 생성할 수도 있습니다. 표 블록을 기본으로 하여 각 보기의 형태를 살펴보겠습니다. 기본적으로 다른 형태의 보기를 추가할 때는 표 왼쪽 상단의 [+]를 클릭한 후 오른쪽에 표시되는 보기 목록 중 원하는 보기를 선택하고 [완료]를 클릭하면 됩니다.

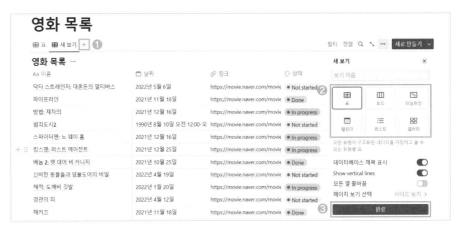

▲ 새로운 보기 추가하기

새로운 보기를 추가하면 탭 형태로 추가한 보기가 나열되며, 계속해서 [+]를 클릭해 새로운 보기를 추가할 수도 있습니다.

▲ 보드 보기

사용 중인 모니터나 화면 크기가 작다면 데이터베이스 보기 목록이 탭 형태가 아닌, 팝업 목록으로 표시될 수도 있습니다. 팝업 버튼을 클릭하면 현재 사용 중인 보기 목록이 표시되며, 아래에 [+ 보기 추가]를 클릭해서 새로운 보기를 추가할 수 있습니다.

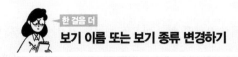
한 걸음 더

보기 이름 또는 보기 종류 변경하기

기본 보기 또는 추가한 보기의 이름이나 보기 종류도 변경할 수 있습니다.

01 보기 목록이 다음과 같이 탭 형태로 표시되어 있다면 해당 탭을 클릭한 후 [이름 바꾸기] 또는 [보기 편집]을 선택합니다. 보기 설정 창이 열리면 [보기 이름]과 [레이아웃]으로 각각 이름과 종류를 변경합니다.

02 보기 목록이 팝업 형태라면 팝업 창을 펼치고 해당 보기 오른쪽에 표시된 더 보기(⋯) 아이콘을 클릭하여 앞과 같은 방법으로 이름 또는 보기 방법을 변경할 수 있습니다.

각 보기의 형태 및 쓰임 살펴보기

데이터베이스 블록을 생성한 후 각 보기에서 오른쪽 위로 마우스 커서를 가져가면 다음과 같이 원하는 데이터만 뽑아 볼 수 있는 [필터], 원하는 순서로 변경할 수 있는 [정렬], 검색, 인라인 페이지를 전체 페이지로 볼 수 있는 확장, 데이터베이스의 옵션을 설정할 수 있는 더 보기(⋯) 아이콘이 표시됩니다.

▲ 데이터베이스 기본 아이콘

데이터베이스 블록의 기본 옵션들과 하위 블록인 각 보기는 어떤 형태이며, 어떻게 사용할 수 있는지 간단히 알아보고 넘어가겠습니다.

데이터베이스 블록의 상세 옵션을 설정하는 더 보기 메뉴

데이터베이스 블록 오른쪽 위에 있는 더 보기(⋯) 아이콘을 클릭하면 해당 데이터베이스를 삭제하거나 복사할 수 있는 메뉴부터, 보기에 따라 배치 기준을 변경할 수 있는 메뉴까지 다양한 기능을 설정할 수 있습니다.

▲ 표 보기 설정

▲ 보드 보기 설정

▲ 캘린더 보기 설정

- **레이아웃:** 보기 형태를 변경할 수 있으며, 데이터베이스의 제목의 표시 여부를 설정할 수 있습니다. 속성의 길이가 길 경우 짧게 줄일 수 있는 [모든 열 줄 바꿈] 옵션이 포함되어 있으며, [세로선 표시]를 끄면 데이터베이스 속성을 구분하는 세로선을 가릴 수 있습니다.

- **속성:** 데이터베이스의 속성을 추가, 편집, 삭제, 복제하거나 순서와 이름을 변경할 수 있습니다.

- **필터:** 각 보기마다 필터를 지정할 수 있습니다.

- **정렬:** 각 보기마다 속성을 선택하여 정렬할 수 있습니다.

- **그룹화:** 어떤 속성으로 그룹을 묶을지 선택할 수 있습니다.

- **하위 그룹화:** 보드 보기에서만 볼 수 있는 속성으로, 그룹화와 함께 사용하면 행과 열에 모두 그룹을 묶을 수 있습니다.

- **처음 불러오기:** 데이터베이스에 입력된 데이터가 많을 때 기본으로 표시될 행의 개수를 선택합니다.

- **데이터베이스 잠금:** 현재 데이터베이스 블록의 레이아웃은 변경할 수 없고, 데이터를 추가하거나 편집할 수 있도록 잠금 처리합니다.

- **보기 링크 복사:** 현재 선택 중인 데이터베이스 블록의 보기 방식을 공유할 수 있는 링크를 복사합니다.

- **보기 복제:** 해당 보기를 복제합니다.

- **보기 제거:** 해당 보기를 삭제합니다.

격자 형태의 표 보기

표 보기는 엑셀 스프레드시트처럼 원하는 정보를 표 형태로 보여줍니다. 데이터베이스의 기본 형태이며, 대부분의 데이터는 표 보기 상태로 입력하는 것이 편리합니다. 또한 다른 보기를 사용하더라도 표 보기에서 작성하고 변형하는 것이 좋습니다.

표 보기에서 데이터베이스 위로 마우스 커서를 옮기면 데이터베이스 왼쪽 끝에 체크박스가 나타납니다. 이 체크박스로 여러 데이터들을 선택할 수 있으며, 데이터를 선택하면 상단 팝업 메뉴로 데이터 설정을 변경할 수 있습니다.

▲ 영화 노트로 활용한 표 보기

칸반보드 형태의 보드 보기

보드 보기는 칸반보드라고 불리는 형태로, 프로젝트 관리에 자주 사용합니다. 표 보기의
각 행이 보드 보기에서는 하나의 카드 형태로 표시됩니다. 각 카드를 이리저리 옮기며 관
리할 수 있습니다.

▲ 프로젝트 관리에 효과적인 보드 보기

앞의 예시를 보면 각 카드를 상태 유형의 '시작되지 않음', '진행 중', '완료됨' 그룹으로 묶었으며, 이 기준은 오른쪽 위에 있는 더 보기(…) 아이콘을 클릭하고 [그룹화]를 선택해서 변경할 수 있습니 다. 또한 더 보기(…) 아이콘을 클릭한 후 [속성]을 선택해서 카드에 표시될 속성을 지정하거나, [레이아웃]을 선택해 카드의 크기 등을 변경할 수 있습니다.

▲ 속성 창

▲ 레이아웃 창

제목 중심의 리스트 보기

리스트 보기는 작성한 내용을 제목 중심으로 표시하여, 제목이 길고 정보가 많은 콘텐츠를 정리할 때 효과적입니다. 대표적으로 기사 스크랩을 예로 들 수 있습니다.

▲ 기사 스크랩용으로 활용한 리스트 보기

리스트 보기에서 각 데이터의 제목에 마우스 커서를 옮기면 [편집] 아이콘이 나타납니다. 아이콘을 클릭해서 제목과 내용들을 손쉽게 수정할 수 있습니다.

달력 형태의 캘린더 보기

속성 중 날짜를 사용하면 해당 날짜의 내용이 달력으로 표시됩니다. 영화 개봉일, 기사 배포일 등 날짜순으로 관리하는 데이터에 효과적입니다. 날짜 속성이 여러 개라면 더 보기(⋯) 아이콘을 클릭한 후 [레이아웃]을 선택하고, [캘린더 표시 기준 보기]를 이용해 달력에 표시할 날짜 속성을 선택할 수 있습니다.

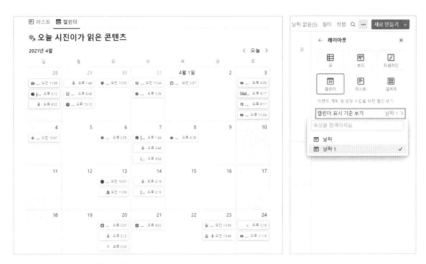

▲ 캘린더 보기로 관리하는 콘텐츠 노트

깨알 tip [설정과 멤버 – 언어와 지역]을 클릭한 후 [한 주의 시작을 월요일로 설정하기]를 활성화하면 캘린더 보기를 월요일부터 시작할 수 있습니다.

이미지 섬네일 형태의 갤러리 보기

갤러리 보기는 섬네일로 내용을 파악할 수 있는 보기 방식입니다. 영화나 독서 노트라면 각 항목에 포스터나 책 표지 이미지를 포함해서 갤러리 보기로 내용을 빠르게 파악할 수 있습니다. 섬네일은 페이지 첫 화면이나, 파일과 미디어 속성에 첨부한 이미지를 사용합니다.

▲ 갤러리 보기로 관리하는 영화 노트

깨알 tip 더 보기(…) 아이콘을 클릭한 후 [레이아웃]을 선택하면 섬네일 크기나 이미지 표시 방법을 변경할 수 있습니다.

간트 차트 형태의 타임라인 보기

타임라인 보기는 프로젝트를 관리할 때 날짜 또는 기간을 간트 차트 형태로 보여줍니다.
프로젝트나 태스크의 진행 기간을 타임라인 보기로 변경해보면 일정을 간편하게 파악할
수 있습니다.

▶ 여러 보기를 동시에 배치하여 관리하기

데이터베이스 블록에서 하나의 형태를 만들면 다양한 형태로 변형해서 내용을 파악할 수 있습니다. 하지만 위의 방법만으로는 한 번에 하나의 보기만 볼 수 있습니다. 이 정도 기능만으로 데이터베이스를 Notion의 꽃이라고 하진 않았겠죠? Notion에서는 하나의 데이터베이스 블록에서 동일한 보기를 생성하고 보기마다 필터와 정렬 방식을 각각 따로 지정할 수 있습니다. 그리고 이렇게 다양한 보기를 한 페이지에서 동시에 볼 수도 있습니다.

예를 들어 표 보기로 정리한 다양한 속성의 데이터베이스를 기본으로 하되, 그중에서 특정 태그별, 날짜별 등으로 정리해 일부 속성만 표시하여 한 페이지에서 관리할 수 있고, 같은 데이터베이스지만 위쪽에는 표 보기, 아래쪽에는 다른 보기가 한 페이지에 표시되게 할 수도 있습니다. 이때 사용하는 기능이 데이터베이스 블록의 목록 중 가장 아래에 있는 링크된 데이터베이스 보기 블록입니다.

01 아래와 같이 관람한 영화 목록을 인라인 형태의 표 보기 데이터베이스로 정리해두었습니다. 영화 목록 아래쪽에서 [+] 아이콘을 클릭해 새 블록을 만든 후 [링크된 데이터베이스 보기]를 선택합니다.

02 링크된 데이터베이스 생성 블록을 생성하면 기존에 만든 데이터베이스 목록이 나타나며, 이 중 연결할 데이터베이스를 선택합니다. 즉, 다른 페이지에 있는 데이터베이스도 현재 페이지에 표시할 수 있는 것입니다. 여기서는 바로 위에 있는 [영화 목록] 데이터베이스를 선택했습니다.

03 링크되었다는 의미의 우상향 화살표(↗)와 함께 표 보기가 추가되었습니다. 연결한 위쪽 데이터베이스와 내용은 연동되지만 필터, 정렬 방법 등은 별개로 지정해서 사용할 수 있습니다. 여기서는 보기 탭 옆에 있는 [+]를 클릭해서 캘린더 보기를 추가합니다.

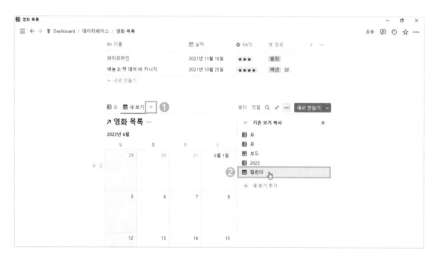

깨알 tip ▶ 링크된 데이터베이스 생성 블록을 하나 추가했다면, 이후로는 해당 블록을 복제하는 방법으로 더 빠르게 링크된 데이터베이스 생성 블록을 추가할 수 있습니다.

04 이제 페이지 상단에는 표 보기가, 하단에는 캘린더 보기가 동시에 표시되어, 영화 세부 내용과 관람 날짜를 빠르게 확인할 수 있습니다.

 한 걸음 더
링크된 데이터베이스 생성으로 전체 페이지 데이터베이스 블록 추가하기

링크된 데이터베이스 생성 블록을 생성하면 나타나는 데이터베이스 목록은 모두 인라인 형태의 데이터베이스입니다. 즉, 전체 페이지 형태의 데이터베이스는 별도의 과정을 거쳐야만 추가할 수 있습니다.

- **전체 페이지를 인라인으로 변경하기:** 158쪽에 있는 내용을 참고하여 인라인 형태로 변경한 후 링크된 데이터베이스 생성 블록을 이용합니다.
- **링크 붙여넣기:** 인라인 형태로 변경할 수 없다면 링크를 붙여넣는 방법을 이용할 수 있습니다. 전체 페이지 형태의 데이터베이스 페이지로 이동하고 오른쪽 위에 있는 더 보기(⋯) 아이콘을 클릭한 후 [보기 링크 복사]를 선택해서 해당 데이터베이스 페이지의 링크를 복사합니다. 그런 다음 원하는 페이지로 이동하여 링크를 붙여넣으면 나타나는 팝업 메뉴에서 [링크된 데이터베이스 생성]을 선택하면 됩니다.

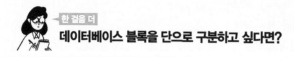

데이터베이스 블록을 단으로 구분하고 싶다면?

일반적으로 데이터베이스 블록은 단을 나눌 수 없습니다. 아무리 데이터베이스 블록의 메뉴 (⠿) 아이콘을 클릭한 채 다른 블록의 좌우로 드래그해도 단이 만들어지지 않죠. 그럼에도 데이터베이스 블록을 단으로 구분하고 싶다면, 아래의 방법을 따라 해보세요.

01 데이터베이스 블록이 아닌 기본 블록 등 다른 블록으로 먼저 단을 구분합니다.

02 이제 옮길 데이터베이스 블록의 메뉴(⠿) 아이콘을 클릭한 채 구분된 단 아래로 드래그해서 배치합니다. 간단하죠?

깨알 tip 위와 같은 데이터베이스 블록의 단 구분은 24인치 이상의 대형 화면에서 Notion을 사용할 때 활용하기를 추천합니다.

데이터베이스 각 열의 속성 지정하기

데이터베이스를 다루기 위해서는 속성 유형(Property Type)을 꼭 이해하고 있어야 합니다. 속성은 데이터베이스의 뼈대이며, 속성이 무엇이냐에 따라 보기 방식이 데이터 정렬이 결정됩니다. 또한 고급 속성인 함수나 관계형, 롤업까지 사용할 수 있습니다.

▶ Notion 데이터베이스와 스프레드시트의 차이점

Notion의 데이터베이스는 엑셀이나 Google 스프레드시트의 표와 비슷한 듯하지만 확연하게 다릅니다. 스프레드시트에서 각 셀(한 칸)은 독립적인 공간입니다. 다음 예시에서 A1 셀과 B1 셀은 서로 다른 공간으로 완전히 다른 데이터를 입력할 수 있습니다. 마찬가지로 A2 셀, A3 셀도 모두 별도의 공간입니다.

▲ 독립된 여러 셀의 모음, 스프레드시트

하지만 Notion의 데이터베이스에서는 각 행이 하나의 페이지가 됩니다. 행에 있는 각 칸
은 하나의 페이지에 포함된 옵션과 같습니다. 그러므로 아래 예시는 이름, 태그, 파일이라
는 옵션을 포함하고 있는 세 개의 페이지가 나열된 상태라고 보면 됩니다.

▲ 여러 페이지의 나열과 같은 데이터베이스

▶ 각 열마다 지정할 수 있는 데이터 속성

Notion의 꽃이 데이터베이스라면 데이터베이스의 꽃은 속성이라고 할 수 있습니다. 그 만큼 속성을 잘 다뤄야 데이터베이스를 제대로 사용할 수 있다는 말이기도 합니다.

각 데이터의 대표 속성, 제목

우선 데이터베이스 블록을 생성하면 기본적으로 [Aa]라는 기호와 함께 '이름'이라고 표시 된 열이 있습니다. 이 열은 이름만 변경할 수 있을 뿐 다른 속성으로 변경하거나, 숨기기, 복제, 삭제가 불가능한 제목 속성입니다.

'이름'을 클릭한 후 [속성 편집]을 선택해 보면, '이름' 의 속성 유형이 [제목]인 것을 볼 수 있습니다. 제목 이라는 속성은 각 행마다 한 개밖에 없으며, 당연하 게도 다른 속성을 제목 속성으로 변경할 수도 없습니 다. 다시 말해 현재 행을 대표하는 속성이며, 페이지 의 이름입니다.

속성 변경 및 속성 관련 메뉴

이름 오른쪽에 있는 다른 열은 속성 종류 변경부터 숨기기, 복제, 삭제가 가능합니다. 각 열의
이름을 클릭하면 다음과 같이 현재 열 이름 입력란과 속성 종류, 관련 메뉴가 펼쳐집니다.

- **열 이름:** 현재 열 이름을 자유롭게 변경할 수 있습니다.

- **속성 편집:** 현재 열에 지정된 속성을 확인하거나 다른 속성으로 변경할 수 있습니다.

- **오름차순:** 해당 열의 데이터를 기준으로 오름차순(123순, 가나다순, ABC순) 정렬합니다.

- **내림차순:** 해당 열의 데이터를 기준으로 내림차순 정렬합니다.

- **필터:** 현재 열을 기준으로 필터링할 수 있습니다. 같은 태그가 달린 데이터를 보거나 날짜, 기간, 담
  당자 등의 조건을 지정하여 원하는 결괏값만 확인하는 기능입니다.

- **보기에서 숨기기:** 해당 열을 숨깁니다.

- **속성 삭제:** 해당 열을 삭제합니다.

- **열 줄바꿈:** 열의 데이터가 길어 표의 모양이 여러 줄로 늘어날 때 열 줄바꿈 기능을 통해 표를 깔끔
  하게 만들 수 있습니다.

> **깨알 tip** 열 위치를 변경하려면 열 이름 부분을 클릭한 채 원하는 곳으로 드래그하면 됩니다.

각 열의 속성 및 위치 잠금 설정

데이터베이스 기본 서식을 완성한 후 각 열의 속성과 위치를 변경할 수 없도록 잠금 처리할 수 있습니다. 기본적으로 전체 페이지 데이터베이스 블록일 때 페이지 오른쪽 위에 있는 더 보기(⋯) 아이콘을 클릭한 후 [데이터베이스 잠금]을 활성화하면 됩니다.

숨겨진 열 다시 표시하기

[보기에서 숨기기] 메뉴로 숨긴 열을 다시 보려면 전체 속성 목록을 열면 됩니다.

01 데이터베이스 블록 오른쪽 상단에 마우스를 가져가면 표시되는 더 보기(⋯) 아이콘을 클릭합니다.

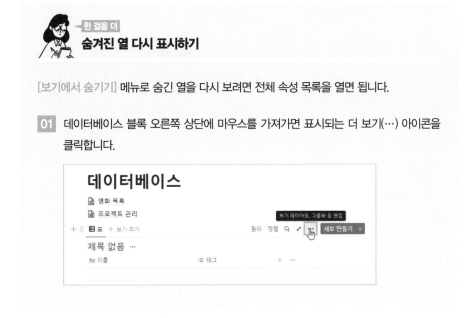

02 팝업 메뉴 중 [속성]을 선택합니다.

03 현재 데이터베이스 블록에서 사용 중인 모든 속성이 표시됩니다. 표에서 숨기기 섹션에 들어 있는 열은 숨김 처리된 열이므로, 눈 아이콘을 클릭하여 활성화하면 다시 표시됩니다.

Notion

03

기본 속성의 종류 및 쓰임 살펴보기

속성의 종류는 크게 두 가지로 기본과 고급 속성이 있습니다. 기본 속성은 각자 해당하는 기능 딱 하나만을 갖고 있습니다. 고급 속성은 함수를 쓰거나, 다른 페이지를 불러오거나, 다른 데이터베이스에 있는 데이터를 가져오는 등 특수한 기능을 가지고 있습니다. 여기서는 기본 속성의 종류부터 하나씩 살펴보겠습니다.

▶ 문자 또는 숫자만 입력하기

임의의 열에서 **[속성 편집]**을 선택한 후 **[유형]**을 클릭해 보면 다음과 같이 가장 상위에 텍스트 속성이 있고, 이어서 숫자 속성이 있습니다. 그만큼 가장 기본적인 속성이라는 의미입니다.

- **텍스트:** 텍스트를 입력할 수 있는 속성입니다. 간단한 내용 설명 혹은 비고 등을 작성하는 열에 사용할 수 있습니다.

- **숫자:** 숫자만 입력하는 열이라면 숫자 속성으로 지정하는 것이 좋습니다. 숫자 속성으로 지정한 열에는 숫자 외에 문자를 입력할 수 없습니다.

숫자 표기 방법 설정

숫자 속성으로 지정하면 다양한 방식으로 숫자를 표시할 수 있는데, 표기 방법을 변경할 때는 숫자 열에 마우스를 대면 나타나는 [123]을 클릭하거나, 열 이름을 클릭한 후 나타나는 [속성 편집]을 눌러 [숫자 형식]을 클릭하면 원하는 숫자 형식을 설정할 수 있습니다.

숫자 표기 방식은 숫자, 쉼표가 포함된 숫자, %, 달러, 유로, 파운드, 엔, 루블, 루피, 원, 위안 등 다양한 숫자 형식과 화폐 단위가 있습니다.

- **숫자:** 기본적으로 적용되는 옵션으로 숫자를 입력할 수 있습니다.
- **쉼표가 포함된 숫자:** 천 단위마다 쉼표(,)를 표시합니다.
- **%:** 비율을 나타낼 수 있습니다.
- **미국 달러, 캐나다 달러, 유로, 파운드, 엔, 루블, 루피, 원, 위안 등:** 국가별 화폐 단위를 나타냅니다.

표시 옵션

숫자 형식 아래에 표시되는 표시 옵션은 데이터베이스에서 숫자 유형으로 표시되는 속성에 나타납니다.

- **숫자:** 숫자로 표시해줍니다.
- **막대:** 막대 그래프와 함께 숫자를 표시해줍니다.
- **원형:** 원형 그래프와 함께 숫자를 표시해줍니다.

[막대] 또는 [원형]을 선택하면 그래프의 색상을 선택해 변경할 수 있고, 나누기 숫자를 선택할 수 있습니다. [나누기]는 숫자 속성에 입력한 숫자를 나누는 값을 말하는데, 전체 값으로 생각하면 편리합니다. %로 나타내고 싶으면 100을 입력하고, 전체 값이 50이라면 숫자 50을 입력하면 됩니다. 바로 아래에 [번호 표시] 옵션은 막대 또는 원형 그래프를 보여줄 때 숫자를 함께 보여주는 옵션입니다.

나중에 배울 수식에서도 데이터의 표시가 숫자 형식으로 나타난다면 표시 옵션이 표시됩니다.

▲ [쉼표가 포함된 숫자]와 [막대] 옵션을 선택한 숫자

▶ 태그를 선택하여 값 입력하기

태그는 미리 생성해놓은 값을 선택해서 입력하는 속성입니다. 선택 속성과 다중 선택 속성이 있으며, 선택 속성은 하나의 태그만, 다중 선택 속성은 태그를 여러 개 선택할 수 있습니다.

▲ 속성 목록에서 선택과 다중 선택

- **선택:** 보드 보기에서 가장 중요한 부분을 담당하는 속성입니다. 태그를 자유롭게 추가, 삭제, 변경할 수 있으며, 한 개의 태그만 선택할 수 있습니다.

- **다중 선택:** 여러 개의 태그를 선택할 수 있습니다. 선택 속성에서 다른 태그를 선택하면 해당 태그가 적용되지만 다중 선택 속성에서는 태그가 변경되지 않고 추가됩니다.

▲ 여러 태그가 배치된 다중 선택 속성

새 태그 추가하기

선택과 다중 선택에서 태그를 추가, 삭제, 변경하는 방법은 동일합니다. 먼저 태그를 추가할 때는 선택 또는 다중 선택 속성으로 지정한 열 이름을 클릭하면 나타나는 **[속성 편집]**을 클릭하고 **[옵션 추가]**를 클릭한 후 추가할 태그를 입력하면 됩니다.

[속성 편집] 버튼은 여러 번 클릭해야 해서 불편할 수 있습니다. 따라서 선택 또는 다중 선택 속성으로 지정한 열의 칸 중 하나를 클릭하면 **[옵션 추가]**를 클릭했을 때와 같은 입력란이 나타나며 여기에 추가할 태그를 입력하고 Enter 를 누르면 태그를 추가할 수 있습니다. 이미 있는 태그라면 선택해서 사용하면 되고, 새 태그라면 같은 방법으로 입력해서 추가하면 됩니다.

▲ 새 태그 추가하기

태그 삭제 및 변경하기

추가한 태그의 이름이나 색상을 변경하거나 삭제할 수 있습니다. 태그를 생성할 때와 마찬가지로 [속성 편집] 메뉴에 들어가거나 선택 또는 다중 선택 속성으로 지정한 열의 칸 중 하나를 클릭합니다. 추가된 태그 목록이 표시되면 태그 이름 오른쪽에 표시되는 더 보기 (…) 아이콘을 클릭해봅니다.

다음과 같이 팝업 메뉴가 나타나면 맨 위 입력란을 이용해 태그 이름을 바꿀 수 있고, [삭제]를 선택해 해당 태그를 삭제할 수 있습니다. 또한 아래쪽에 있는 다양한 색상을 선택해서 태그 구분 색상을 변경할 수 있습니다.

깨알 tip ▶ 태그 순서를 변경하려면 태그 왼쪽에 있는 메뉴(⠿) 아이콘을 클릭한 채 원하는 위치로 드래그하면 됩니다.

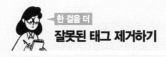

잘못된 태그 제거하기

보드 보기에서 기준으로 설정한 열에 잘못된 태그가 있다면 삭제할 수 있습니다. 상단 기준 목록에서 태그 오른쪽에 마우스 커서를 가져가면 나타나는 더 보기(⋯) 아이콘을 클릭한 후 [숨기기] 또는 [삭제]를 선택합니다.

[숨김]을 선택하면 숨긴 열에 추가되어 언제든 [표시]를 클릭해서 다시 표시할 수 있고, [삭제]를 선택하면 해당 태그가 포함된 카드가 모두 삭제됩니다.

▶ 진행 상태 입력하기

데이터베이스에서 진행 상황을 관리하려면 속성 유형을 [상태]로 변경해보세요. '할 일(Not started)', '진행 중(In progress)', '완료(Done)' 3개의 그룹으로 분류된 태그를 볼 수 있으며, 원하는 상태에 따라 각 그룹에 태그를 추가하면 됩니다.

표시 형식 변경하기

상태 속성에는 두 가지 표시 형식이 있습니다. 열 이름을 클릭하고 **[속성 편집]**을 선택한 후 오른쪽 화면에서 **[표시 옵션]**을 클릭하고 **[체크박스]** 또는 **[선택]**을 선택합니다. 가장 많이 사용하는 속성은 **[선택]** 속성으로 데이터베이스의 선택 속성과 같이 우리가 입력한 태그 형태로 보여줍니다. **[체크박스]** 속성은 진행 상태를 체크 상자로 표시합니다.

[표시 옵션]을 [체크박스]로 변경하면 할 일(Not started) 그룹은 체크 표시되지 않고, 진행 중 (In progress)와 완료(Done) 그룹은 체크 표시된 상태로 나타납니다. **[체크박스]** 표시 형식은 표 보기나 리스트 보기에서 진행 상태를 파악할 때 편리합니다.

태그 이름 변경하기

상태 유형에서 그룹의 이름을 변경하거나 추가할 수는 없지만, 태그는 새로 생성, 수정, 삭제할 수 있습니다. 그룹 안에 태그의 이름을 클릭해보세요.

태그 기본값 변경하기

선택 속성과 달리 상태 속성은 데이터베이스의 페이지를 생성하면 자동으로 태그가 생성됩니다. 자동으로 생성되는 태그를 다른 속성으로 변경해줄 수 있습니다. 여러 태그를 생성한 다음 태그의 이름을 변경하는 것처럼 태그의 이름을 클릭해보세요. [기본으로 설정]이라는 버튼이 나오고, 해당 버튼을 클릭하면 데이터베이스에 새 데이터를 생성할 때마다 해당 태그가 생성됩니다.

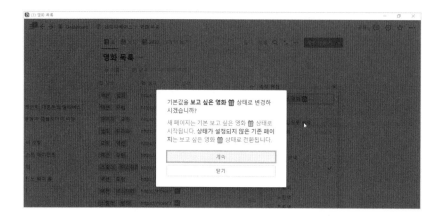

그룹화

상태 속성의 태그들은 반드시 3개의 그룹(할 일, 진행 중, 완료) 중 하나에 속합니다. 태그의 그룹을 변경해주기 위해서는 태그의 순서를 변경하는 것처럼 태그 이름 옆 메뉴 버튼을 누르고 아래로 드래그하면 됩니다.

또는 태그 이름을 클릭하면 나타나는 [그룹화]에서 원하는 다른 그룹의 이름을 선택해도 변경할 수 있습니다. [그룹화]에서 [To-do]를 선택하면 할 일 그룹으로, [In progress]를 선택하면 진행 중 그룹으로, [Complete]를 선택하면 완료 그룹으로 변경됩니다.

체크박스 보기에서 상태 변경하기

상태 속성에서 표시 옵션을 [체크박스]로 해두면 체크가 표시되거나 표시되지 않거나 두 가지 상태로만 상태를 변경할 수 있습니다. —가 표시된 체크박스로 만들려면 변경하고 싶은 체크박스에 마우스 오른쪽 버튼을 클릭한 후 [속성 편집]을 클릭하고 열 이름을 선택한 후 진행 중 그룹에 있는 태그를 선택하면 됩니다.

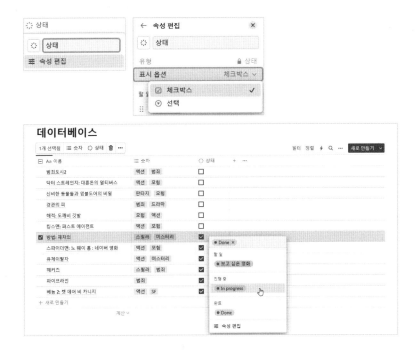

깨알 tip 표 보기에서 상태 속성의 표시 옵션을 [체크박스]로 변경한 다음 열 크기를 최소한으로 줄여보세요. 최소한의 크기로 진행 상태를 파악할 수 있습니다.

▶ 날짜 형식 입력하기

캘린더 보기에서는 날짜 속성이 가장 중요합니다. 오직 날짜만 입력할 수 있는 속성으로 날짜 표시 형태를 변경하거나 미리 알림 등을 설정할 수 있습니다.

열 속성을 [날짜]로 지정했다면 데이터베이스의 입력란을 클릭하고 입력할 날짜를 선택하면 됩니다.

키보드로 날짜 입력하기

1990년 8월처럼 팝업 메뉴에서 해당 월로 이동하기 위해서 여러 번 클릭해야 한다면, 날짜 속성의 입력란을 클릭한 후 메뉴 상단에 있는 입력란에 다음과 같이 직접 날짜를 입력하는 방법도 있습니다. 단, 기본 형태에 맞게 입력해야 합니다.

- 날짜를 클릭해 [날짜 형식 & 표준 시간대]를 클릭해 날짜 형식을 살펴보세요. [전체 날짜]라면 yyyy년 mm월 dd일 형태로, [년/월/일]이라면 yyyy/mm/dd 형태로 입력하면 됩니다.

알림 설정하기

날짜 속성을 사용하면 리마인더 기능을 이용해 알림을 설정할 수 있습니다. 즉 입력한 날짜를 기준으로 지정한 날짜에 알림을 받는 것입니다. 날짜 입력란을 클릭한 후 [리마인더] 메뉴를 선택하면 다음과 같이 5가지 메뉴가 나타납니다.

- **알림 없음:** 알림을 설정하지 않습니다.
- **당일 (오전 9:00):** 설정한 날 당일 오전 9시에 알림을 받습니다.
- **1일 전 (오전 9:00):** 설정한 날 하루 전 오전 9시에 알림을 받습니다.

- **2일 전 (오전 9:00):** 설정한 날 이틀 전 오전 9시에 알림을 받습니다.

- **1주일 전 (오전 9:00):** 설정한 날 일주일 전 오전 9시에 알림을 받습니다.

상세한 알림 시간을 설정하려면 팝업 메뉴에서 [시간 포함]을 클릭해 활성화하고, 메뉴 상단 날짜 입력란 오른쪽에 세부 시간을 입력합니다.

▲ 시간 표시하기

시간까지 설정한 후에 다시 [리마인더] 메뉴를 선택하면 더 세부적인 하위 메뉴가 나타납니다.

- **알림 없음:** 알림을 설정하지 않습니다.

- **이벤트 정각:** 설정한 시간 정각에 알림을 받습니다.

- **5분 전:** 설정한 시간 5분 전에 알림을 받습니다.

- **10분 전:** 설정한 시간 10분 전에 알림을 받습니다.

- **15분 전:** 설정한 시간 15분 전에 알림을 받습니다.

- **30분 전:** 설정한 시간 30분 전에 알림을 받습니다.

- **1시간 전:** 설정한 시간 1시간 전에 알림을 받습니다.

- **2시간 전:** 설정한 시간 2시간 전에 알림을 받습니다.

- **1일 전 (오전 9:00):** 설정한 시간 하루 전 오전 9시에 알림을 받습니다.

- **2일 전 (오전 9:00):** 설정한 시간 이틀 전 오전 9시에 알림을 받습니다.

종료일 지정하기

날짜 속성에서 특정 날짜가 아니라 일정 기간을 입력할 때 **[종료일]** 옵션을 활성화합니다.

▶ 협업 중인 사용자 입력하기

특정 페이지를 다른 사용자에게 공유해서 협업할 때는 사용자를 값으로 지정하는 사람 속성을 사용할 수 있습니다. 사람 속성을 사용하면 프로젝트 관리 시 담당자가 누구이고, 해당 일을 해야 하는 사람이 누군지 명확하게 지정할 수 있습니다. 또한 보드 보기 형태에서 사용자별로 그룹 지을 수 있습니다.

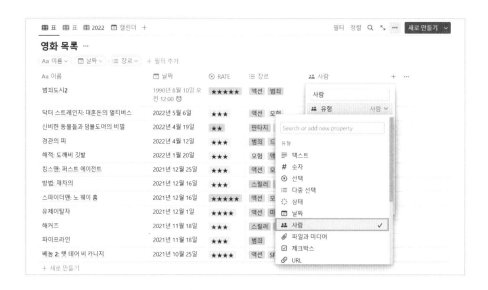

▶ 파일 첨부하고 이미지, 동영상 추가하기

속성을 파일과 미디어로 지정하면 관련된 파일을 첨부하거나, 이미지, 동영상 등을 삽입할 수 있습니다. 기본적으로 Notion에서 지원하는 이미지나 동영상 파일이라면 삽입 형태로 입력되며, 그 외 파일은 다운로드할 수 있는 첨부 파일 형태로 입력됩니다. 또한 특정 링크를 추가할 수도 있습니다.

> **깨알 tip** 개인 요금제에서 사용할 수 있는 파일 용량은 최대 5MB입니다.

이미지나 동영상을 삽입한 후 해당 칸을 클릭해서 오른쪽에 표시되는 더 보기(···) 아이콘을 클릭하면 다음과 같은 메뉴를 선택할 수 있습니다.

- **전체 화면:** 전체 화면으로 볼 수 있습니다.
- **다운로드:** 해당 파일을 다운로드합니다.
- **원본 보기:** 웹 브라우저를 통해 원본 파일을 확인합니다.
- **삭제:** 해당 파일을 삭제합니다.

▶ 체크박스 & URL & 이메일 & 전화번호

앞서 소개한 속성 이외에 체크박스, URL, 이메일, 전화번호 속성도 사용할 수 있습니다. 사용자에 따라 자주 사용할 수도 있고 사용할 일이 거의 없을 수도 있으므로, 가볍게 읽고 넘어가도 좋습니다.

- **체크박스:** 오직 체크박스만 표시되는 열입니다. 업무 관리 데이터베이스라면 필수 속성이라고 할 수 있습니다. 제목 속성 열에 할 일을 입력하고 사람 속성으로 담당자를 지정하면 업무 관리를 정확히 파악할 수 있습니다.
- **URL:** 관련된 웹사이트 등의 링크를 입력할 수 있는 속성입니다. 링크를 복사해서 붙여넣거나 직접 입력할 수 있습니다. 해당 링크로 이동할 때는 링크를 클릭하고, 링크를 수정할 때는 링크에 마우스를 올리면 나타나는 연필 아이콘을 클릭합니다.
- **이메일:** 이메일 주소를 넣어 빠르게 접근할 수 있습니다. URL 속성과 마찬가지로 마우스 커서를 가져가면 나타나는 @ 아이콘을 클릭해서 빠르게 이메일을 보낼 수 있습니다.
- **전화번호:** 전화번호를 입력하여 빠르게 전화를 걸 수 있습니다.

> **깨알 tip** 스마트폰 등에서 Notion을 사용 중일 때 전화 아이콘을 클릭하면 바로 전화를 걸 수 있습니다.

열 줄바꿈 옵션으로 내용이 길 때 나머지 부분 가리기

URL 속성 등을 사용할 때 지정한 열 너비보다 내용의 길이가 길면 다음과 같이 행 높이가
변경되어 보기에 좋지 않을 수 있습니다.

▲ 내용이 넘쳐 행 높이가 변경된 표 보기

이럴 때는 열 이름을 클릭하고 [열 줄바꿈]을 클릭해서 비활성화합니다. 그러면 행이 높아지
지 않고 열 너비보다 많은 글자들이 모두 가려집니다.

Notion 04 데이터베이스의 고급화, 고급 속성

Notion의 고급 속성 혹은 수식 기능 때문에 여러분의 머리가 지끈거릴 수 있습니다. 심지어 고급 속성 같은 것은 건너뛰고 나머지 기능으로만 Notion을 사용할 수도 있겠지요. 사실 그 정도면 충분합니다. 하지만 진정 Notion 사용자라면 고급 기능도 도전해봐야겠죠?

▶ 엑셀 함수와는 다른 수식 속성

Notion의 대표적인 고급 속성인 수식 속성은 각 열의 데이터를 계산해주는 엑셀 함수 같은 기능이며, 속성을 지정한 후 빈칸을 클릭하면 수식을 입력하는 창이 열리고, 여기에 작성한 수식은 해당 열 전체에 적용됩니다.

수식 창을 보면 상단에는 수식 입력줄이, 왼쪽에는 다음과 같이 속성, 상수, 연산자, 함수 4가지로 구분된 목록이, 오른쪽에는 선택한 기능의 상세 설명이 나타납니다.

여기서 사용할 수 있는 수식의 종류는 수십 개가 넘으므로 여기서는 주요 속성을 훑어보고 이후 Chapter 04에서 자세한 사용 방법을 설명하겠습니다.

▶ 상이한 데이터베이스를 연결하는 관계형 속성

수식 속성에 이은 또 하나의 고급 기능이 바로 관계형 속성입니다. Notion에서는 관계형 데이터베이스라고 부릅니다. 관계형 데이터베이스는 서로 다른 데이터베이스끼리 연결하여 각 데이터베이스에 있는 특정 행의 데이터를 페이지 형태로 가져오는 기능입니다. 역시 간단하게 설명하고 넘어갈 내용이 아니므로 Chapter 04에서 자세하게 소개하겠습니다.

▲ 다른 데이터베이스의 데이터를 활용하는 관계형 데이터베이스

▶ 관계형의 단짝, 열 정보를 가져오는 롤업 속성

롤업은 관계형 데이터베이스와 같이 쓰이는 단짝 친구와 같은 속성입니다. 일단 관계형 속성으로 다른 데이터베이스와 연결하면 해당 열에는 연결한 데이터베이스의 각 행이 페이지 형태로 삽입될 것입니다. 즉, 연결한 데이터베이스의 실제 데이터를 보려면 삽입된

페이지를 클릭해야 하는 번거로움이 있지요. 이 문제를 해결해주는 것이 바로 롤업입니다. 롤업 속성을 지정하면 연결한 데이터베이스의 다른 열의 값을 가져올 수 있습니다. 마찬가지로 Chapter 04에서 자세하게 다루겠습니다.

▲ 롤업 속성으로 가져온 열 데이터

▶ 생성 일시와 생성자 속성

데이터베이스 내에서 각 행(페이지)을 생성한 날짜와 시간, 그리고 생성한 사용자를 자동으로 출력해주는 속성입니다.

- **생성 일시:** 각 행을 생성한 날짜와 시간이 출력됩니다.
- **생성자:** 각 행을 생성한 사용자가 출력됩니다.

▲ 생성 일시 표시   ▲ 생성한 사용자 표시

▶ 최종 편집 일시와 최종 편집자 속성

데이터베이스의 각 행의 생성 일시, 생성자와 마찬가지로 각 행의 마지막 수정 시간 및 수정한 사용자를 바로 파악할 수 있습니다.

- **최종 편집 일시:** 각 행을 마지막으로 수정한 날짜와 시간이 출력됩니다.
- **최종 편집자:** 각 행을 마지막으로 수정한 사용자가 출력됩니다.

▲ 마지막 수정 시간 표시   ▲ 마지막으로 수정한 사용자 표시

▶ 데이터베이스를 요약해주는 계산

표 보기에서 데이터베이스 가장 하단으로 마우스 커서를 가져가면 [계산]이라는 항목이 보입니다. [계산]은 표 보기 데이터베이스의 각 열 정보를 요약해서 보여줍니다. 행의 개수부터, 평균, 최댓값, 최솟값 등 선택한 옵션에 따라 요약 정보가 표시됩니다. [계산]은 데이터의 종류에 따라 텍스트, 숫자, 날짜 옵션을 사용할 수 있습니다.

텍스트형 옵션

텍스트 속성과 같이 텍스트가 입력된 열에서 선택할 수 있는 옵션입니다.

- **계산 안 함:** [계산]을 지정하지 않습니다.

- **모두 세기:** 모든 행의 개수를 세어줍니다.

- **값 세기:** 데이터의 개수를 세어줍니다.

- **중복 제외 모두 세기:** 중복되지 않는 데이터의 개수를 세어줍니다.

- **빈 값 세기:** 데이터가 비어 있는 행의 개수를 세어줍니다.

- **비어 있지 않은 값 세기:** 데이터가 비어 있지 않은 행의 개수를 세어줍니다.

- **빈 값 세기(%):** 데이터가 비어 있는 행의 개수를 비율(%)로 나타냅니다.

- **비어 있지 않은 값 세기(%):** 데이터가 비어 있지 않은 행의 개수를 비율(%)로 나타냅니다.

깨알 tip [중복 제외 모두 세기]와 [비어 있지 않은 값 세기]의 차이는 속성이 다중 선택일 때 나타납니다. [값 세기]는 데이터를 세어주는 옵션이므로 다중 선택 속성에서 각 태그를 하나의 데이터로 인식합니다.

숫자형 옵션

숫자 속성과 같이 숫자 값이 입력된 열에서 텍스트형 옵션과 더불어 추가로 쓸 수 있는 옵션입니다.

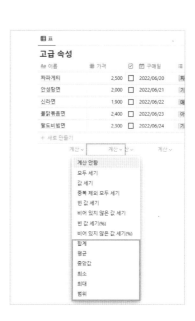

- **합계:** 모든 숫자를 더합니다.

- **평균:** 평균을 구합니다.

- **중앙값:** 중앙값을 구합니다.

- **최소:** 최솟값을 구합니다.

- **최대:** 최댓값을 구합니다.

- **범위:** 최댓값에서 최솟값을 뺀 결과를 보여줍니다.

날짜형 옵션

날짜 속성과 같이 날짜가 입력된 열에서 사용하는 옵션으로, 텍스트형 옵션과 동일하며,
아래 세 가지가 추가됩니다.

- **가장 이른 날짜:** 가장 이른 날짜가 오늘로부터 며칠 전인
  지 보여줍니다.

- **최근 날짜:** 가장 늦은 날짜가 오늘로부터 며칠 후인지
  보여줍니다.

- **날짜 범위:** 가장 이른 날과 가장 늦은 날의 간격을 보여
  줍니다.

Notion 05 데이터베이스 활용하기

▶ **데이터베이스 내 같은 페이지를 생성해주는 데이터베이스 템플릿**

앞서 배운 템플릿 버튼 블록은 버튼을 클릭하면 미리 지정해둔 블록들을 불러와 같은 내용을 쉽게 만들 수 있지만 데이터베이스에서 사용하기 위해서는 일일이 버튼을 복사해서 붙여넣어야 하는 번거로움이 있습니다. 데이터베이스 템플릿은 버튼 한 번으로 데이터베이스 내에 지정한 블록과 서식을 불러와 페이지를 생성할 수 있습니다.

01 원하는 데이터베이스의 오른쪽 상단에 [∨] 아이콘을 클릭하고 [+ 새 템플릿]을 클릭합니다.

02 원하는 블록과 서식을 입력한 뒤 왼쪽 상단의 [← 뒤로]를 클릭합니다. 페이지 제목은 템플릿의 이름이므로 페이지가 생성될 때는 '제목 없음'이라고 생성됩니다.

03 템플릿을 사용할 때는 데이터베이스 오른쪽 상단에 [∨] 아이콘을 클릭하고 생성한 템플릿을 선택합니다.

04 템플릿을 편집하고 싶을 때는 생성된 템플릿 오른쪽에 더 보기(⋯) 아이콘을 클릭한 후 [편집]을 클릭합니다.

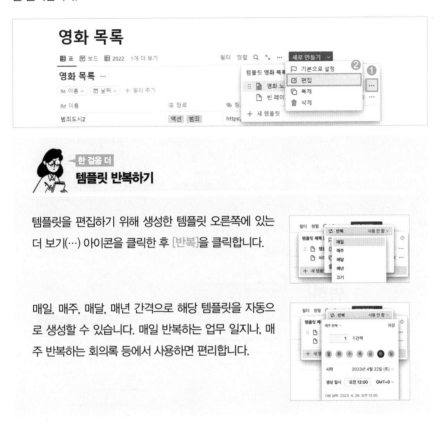

> **한 걸음 더**
> ## 템플릿 반복하기
>
> 템플릿을 편집하기 위해 생성한 템플릿 오른쪽에 있는
> 더 보기(⋯) 아이콘을 클릭한 후 [반복]을 클릭합니다.
>
> 매일, 매주, 매달, 매년 간격으로 해당 템플릿을 자동으
> 로 생성할 수 있습니다. 매일 반복하는 업무 일지나, 매
> 주 반복하는 회의록 등에서 사용하면 편리합니다.

▶ 필요한 정보만 빠르게 확인하는 데이터베이스 필터

데이터베이스의 양이 많거나 종류가 다양해지면 한눈에 데이터를 볼 수 없어 어려움을 겪기 마련입니다. 이때 필터 기능을 이용하면 필요한 데이터만 뽑아 보거나 필요없는 데이터만 가려 데이터를 쉽게 가공할 수 있습니다.

기초적인 데이터베이스 필터 사용법

가장 많이 사용하는 데이터베이스 필터는 선택 속성을 이용한 필터입니다. 이번 실습에서는 필터를 통해 다음 영화 목록에서 '모험' 장르만 남겨보겠습니다.

01 필터를 이용하고 싶은 열을 클릭한 후 [필터]를 클릭합니다

02 필터의 조건을 선택합니다. '모험'만 남기기 위해 모험 태그를 선택하고 [값을 포함하는 데이터]
가 선택되어 있는지 확인합니다.

03 '모험' 장르만 남아 있는 걸 확인할 수 있습니다.

선택 속성뿐만 아니라, 날짜, 숫자, 이름도 같은 형식으로 필터를 만들 수 있습니다.

데이터베이스 다중 필터 사용법

데이터베이스 필터는 여러 조건들을 조합하여 필터를 확인할 수 있습니다. 이번 실습에서
는 다중 필터를 적용해 다음 영화 목록에서 '모험, 액션'을 선택해보겠습니다.

01 필터를 이용하고 싶은 열을 클릭한 후 [필터]를 클릭합니다.

02 나타난 팝업에서 [값을 포함하는 데이터] 조건을 확인한 후 '모험', '액션' 태그를 선택합니다.

03 '모험', '액션' 태그가 포함된 데이터를 볼 수 있습니다.

필터의 조건식 살펴보기

앞서 살펴보았듯이 [필터]를 클릭해 필터를 추가하면 조건을 설정해야 합니다. 먼저 속성이 텍스트, 다중 선택 등일 때 조건식은 다음과 같습니다.

- **값과 동일한 데이터**: 지정한 속성 값과 완전히 일치하는 것만 표시됩니다.

- **값과 동일하지 않은 데이터**: 지정한 속성 값과 다른 것만 표시됩니다.

- **값을 포함하는 데이터:** 추가로 입력한 값이 포함된 것만 표시됩니다.

- **값을 포함하지 않은 데이터:** 추가로 입력한 값이 포함되지 않은 것만 표시됩니다.

- **시작 값:** 추가로 입력한 값으로 시작하는 것만 표시됩니다.

- **마지막 값:** 추가로 입력한 값으로 끝나는 것만 표시됩니다.

- **비어 있음:** 지정한 속성 값이 비어 있는 것만 표시됩니다.

- **비어 있지 않음:** 지정한 속성 값이 비어 있지 않은 것만 표시됩니다.

조건식을 지정할 속성이 날짜일 때는 다음과 같이 다양한 기준을 적용할 수 있습니다. 기본적으로 [오늘 기준]으로 설정되어 있으며, 우선 오늘을 기준으로 [지난], [다음], [이번] 중에서 선택합니다. 그런 다음 다시 [일], [주], [월], [년]을 선택하면 오늘 날짜 기준 필터를 적용할 수 있습니다.

- **지난:** 오늘을 기준으로 과거의 날짜에 해당하는 내용만 표시합니다.

- **다음:** 오늘을 기준으로 미래의 날짜에 해당하는 내용만 표시합니다.

- **이번:** 오늘을 포함한 기간을 선택합니다.

예를 들어 설정에 따라 다음에 해당하는 값들이 표시됩니다.

- **이번 일:** 오늘

- **이번 주:** 오늘을 포함한 일요일부터 토요일

- **이번 달:** 오늘이 포함된 달의 1일 ~ 말일

- **이번 년:** 오늘이 포함된 해의 1월 1일 ~ 12월 31일

- **지난 일:** 오늘과 어제의 데이터

- **지난 주:** 오늘부터 7일 전까지의 데이터

- **지난 달:** 오늘부터 1개월 전까지의 데이터

- **지난 년:** 오늘부터 1년 전까지의 데이터

- **다음 일:** 오늘과 내일의 데이터

- **다음 주:** 오늘부터 7일 후까지의 데이터

- **다음 달:** 오늘부터 1개월 후까지의 데이터

- **다음 년:** 오늘부터 1년 후까지의 데이터

또한, 오늘이 아닌 다음과 같은 기준으로 변경할 수도 있습니다.

- **값과 동일한 데이터:** 지정한 날짜와 일치하는 것만 표시됩니다.

- **〜이전(당일 불포함):** 지정한 기간 이전일 때만 표시됩니다.

- **〜이후(당일 불포함):** 지정한 기간 이후일 때만 표시됩니다.

- **〜이전(당일 포함):** 지정한 날짜이거나 날짜 이전일 때만 표시됩니다.

- **〜이후(당일 포함):** 지정한 날짜이거나 날짜 이후일 때만 표시됩니다.

- **범위 내:** 지정한 기간에 포함될 때 표시됩니다.

- **비어 있음:** 비어 있는 값을 선택합니다.

- **비어 있지 않음:** 비어 있지 않은 값을 선택합니다.

데이터베이스 필터 제거하기

필터를 제거할 때는 데이터베이스의 [필터]를 클릭한 뒤 지우고자 하는 필터 오른쪽에 더 보기(…) 아이콘을 클릭하고 [필터 제거]를 선택하면 됩니다.

▶ 링크된 데이터베이스 생성

링크된 데이터베이스 보기 블록을 이용하면 다른 페이지에서 데이터베이스의 내용을 볼 수 있습니다. 데이터베이스의 링크를 연결하여 데이터를 확인하고 생성, 수정할 수 있습니다. 예를 들어 A 페이지에 생성된 데이터베이스를 B 페이지에서 내용을 확인할 수 있으며, B 페이지에서 원본 데이터베이스에 새 페이지를 추가하거나 데이터를 수정, 삭제할 수 있습니다. 또한, 보기 추가와 필터 기능을 통해 원하는 링크된 데이터베이스별로 서로 다른 데이터를 시각화할 수 있습니다.

링크된 데이터베이스를 생성하는 방법은 2가지가 있습니다. 하나씩 살펴보시죠.

링크된 데이터베이스 생성 블록으로 생성하기

아래 '영화 목록'이라는 데이터베이스를 링크해보겠습니다.

01 생성하고 싶은 페이지에서 /(슬래시)를 입력하고 [링크된 데이터베이스 보기]를 선택해 블록을
생성합니다.

02 링크하고 싶은 데이터베이스의 이름을 입력하여 검색합니다.

03 블록을 선택하면 링크된 데이터베이스가 생성된 걸 볼 수 있습니다. 링크된 데이터베이스는 데이터베이스 이름 왼쪽에 우상향 화살표(↗)가 표시됩니다.

데이터베이스 링크로 생성하기

링크하고 싶은 데이터베이스의 링크를 복사하여 붙여넣으면 자동으로 불러올 수 있는 기능입니다. 아래 '영화 목록'이라는 데이터베이스를 링크해보겠습니다.

01 원본 데이터베이스 이름 왼쪽에 마우스 커서를 갖다대면 나타나는 메뉴(⋮⋮) 아이콘을 클릭한 후 [링크 복사]를 선택합니다.

02 링크된 데이터베이스를 생성하고 싶은 페이지에 가서 링크를 붙여넣고 [링크된 데이터베이스 보기 생성]을 선택합니다.

03 링크된 데이터베이스가 생성된 것을 볼 수 있습니다.

깨알 tip 링크된 데이터베이스에는 보기처럼 필터와 정렬이 저장됩니다. 표 보기를 여러 개 만들어서 서로 다른 필터를 걸어두면 데이터를 분류해서 볼 수 있습니다.

Chapter 04

수식, 관계형 데이터베이스 그리고 롤업

Notion을 사용하면서 가장 어려울 수 있는 내용이 바로 수식과

관계형 데이터베이스, 롤업 정도일 것입니다. 하지만 이제 안심하세요.

이번 Chapter에서 완벽하게 정리하고 넘어가면 됩니다.

엑셀만큼 수식이 많지 않고 엑셀과 사용 방법이 조금 다르지만 알아두면

이제 엑셀에서 작성하던 문서까지도 Notion으로 옮길지 모릅니다.

Notion 01 수식 작성의 기본, 열 선택 또는 상수 입력

Notion에서 수식을 사용하려면 속성을 지정하고 해당 열에서 빈칸을 클릭해 수식을 입력하면 됩니다. 이때 나타나는 수식 창 왼쪽에는 데이터베이스의 다른 열을 선택할 수 있는 속성과 참, 거짓과 같은 상수가 표시됩니다.

▶ 속성: 데이터베이스의 열

Notion에서 수식을 사용할 때는 데이터별로 적용하지 않고 열 전체에 적용합니다. 속성 항목에 표시된 목록을 보면 현재 데이터베이스의 각 열 이름인 것을 알 수 있고, 클릭해서 선택하면 수식 입력줄에 prop("**열 이름**") 형태로 표시됩니다. 그대로 [**완료**]를 클릭하면 현재 열 값이 선택한 열과 동일한 값으로 채워집니다. 여기서 기억할 점은 특정 열의 값을 인수로 사용할 때도 prop("**열 이름**") 형태로 입력한다는 점입니다.

- **prop("열 이름"):** 지정한 열을 인수로 사용합니다.

▶ 상수

상수 항목에는 e, pi와 같은 고정된 값과 참, 거짓을 판별하는 true, false가 포함되어 있습니다.

- **e:** 오일러 상수로, 실수이며 무리수이자 초월수라고도 합니다.

- **pi:** 원주율 값(3.141592…)이 표시됩니다.

- **true:** 논릿값에 들어가는 인수로 다른 함수와 함께 사용됩니다. true만 입력한 후 [완료]를 클릭하면 해당 열에는 모두 체크된 박스가 입력됩니다.

- **false:** 논릿값에 들어가는 인수로 다른 함수와 함께 사용됩니다. false만 입력한 후 [완료]를 클릭하면 해당 열에는 모두 체크가 해제된 박스가 입력됩니다.

> **깨알 tip** true, false는 수식의 결과로 true 또는 false가 표시되게 하여, 해당 열이 조건에 맞으면 체크된 박스가 표시되고, 맞지 않으면 체크가 해제된 박스가 표시되게 하는 용도로 활용합니다. 자세한 사용 방법은 이후 if 기본 함수를 다룰 때 확인할 수 있습니다.

Notion 02 사칙연산 및 결과를 비교하는 연산자

데이터베이스에 수식 속성을 지정하면 엑셀처럼 간단한 사칙연산을 사용할 수 있습니다. 예를 들어 덧셈을 하려면 수식 창 상단에 있는 수식 입력줄에 3+2와 같이 입력합니다. 엑셀과 다른 점은 수식 앞에 =을 입력하지 않는 것입니다. 다른 연산도 마찬가지입니다. 이러한 기본 연산이나 크기 비교는 기본적으로 두 개의 인수를 지정해서 그 결과를 계산합니다.

이번에는 본격적으로 Notion의 다양한 수식을 이용해 원하는 결과를 도출해봅니다. 다음과 같이 임의로 만든 표 보기의 데이터베이스를 기준으로 결과를 확인해봅니다.

대학생	직장인	수식
3	2	
3	3	
3	4	

▶ if: 조건의 참, 거짓을 구분하는 연산자

기본적인 사용 방법은 엑셀의 if 함수와 유사하며 다음과 같은 형태로 입력합니다.

- **if(조건, 참, 거짓):** 지정한 조건이 참일 때 "참"을, 거짓일 때 "거짓"을 출력합니다.

예를 들어, 대학생 열의 값이 직장인 열의 값보다 크면 true, 작거나 같으면 false가 출력되는 수식이라면 if(prop("대학생") 〉 prop("직장인"), true, false)로 작성하고 [완료]를 클릭합니다. 아래와 같이 true가 결괏값이면 체크된 박스가 출력되고, false가 결괏값이면 체크 해제된 박스가 출력됩니다.

만약 조건에 따라 체크박스 형태가 아닌 원하는 텍스트가 표시되게 하려면 if(prop("대학생") 〉 prop("직장인"), "학교", "회사") 형태로 조건에 따라 표시될 텍스트를 "" 안에 입력합니다.

▶ add: 두 열을 더하는 연산자

열과 열을 더하는 연산자로, 숫자 속성의 열일 때는 값을 더하고, 텍스트 속성일 때는 값
이 하나로 연결되어 출력됩니다.

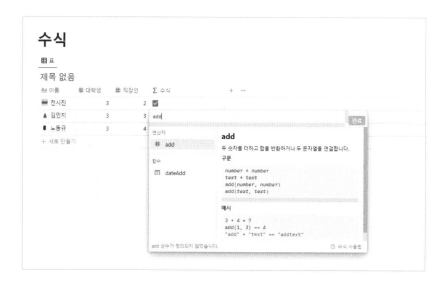

- **add(number, number)**: 덧셈 결과를 출력하며, number + number 형태로 입력해도 됩니다.

- **add(text, text)**: 텍스트 연결 결과를 출력하며, text + text 형태로 입력해도 됩니다.

다음 두 예시의 결과를 확인해보세요. 둘 모두 add(prop("대학생"), prop("직장인")) 또는
prop("대학생") + prop("직장인") 수식을 작성한 후 [완료]를 클릭했으나 결과는 전혀 다릅
니다.

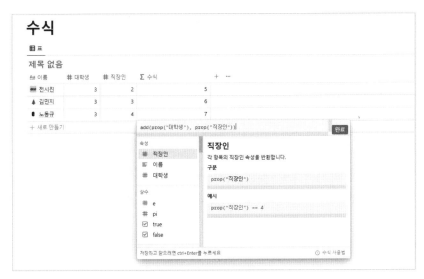

▲ 숫자 속성의 열을 더하는 add(prop("대학생"), prop("직장인")) 결과

▲ 텍스트 속성의 열을 연결하는 add(prop("대학생"), prop("직장인")) 결과

차이는 지정한 열의 속성입니다. 위의 예시는 속성이 숫자로 지정되어 있기 때문에 덧셈이 실행되었으나 아래는 속성이 텍스트로 지정되어 있어서, 숫자처럼 보이지만 두 값이 연결된 결과가 출력되었습니다.

▶ subtract: 두 열을 빼는 연산자

열과 열을 빼는 연산자입니다. add 연산자와 달리 오직 숫자 속성인 값만 인수로 사용할 수 있습니다.

- **subtract(number, number):** 뺄셈 결과를 출력하며, number − number 형태로 입력해도 됩니다.

다음과 같이 subtract(prop("대학생"), prop("직장인")) 또는 prop("대학생") − prop("직장인") 수식을 작성하여 뺄셈 값을 결과로 출력할 수 있습니다.

▲ subtract(prop("대학생"), prop("직장인")) 결과

▶ multiply, divide: 두 열을 곱하고 나누는 연산자

두 열을 곱하거나 나누는 연산자로, 숫자 속성에서만 사용할 수 있습니다.

- **multiply(number, number):** 곱셈 결과를 출력하며, number * number 형태로 입력해도 됩니다.
- **divide(number, number):** 나눗셈 결과를 출력하며, number / number 형태로 입력해도 됩니다.

▲ multiply(prop("대학생"), prop("직장인")) 결과

▲ divide(prop("대학생"), prop("직장인")) 결과

▶ pow, mod: 거듭제곱 값과 나머지를 구하는 연산자

두 열의 값으로 거듭제곱 값(pow)을 구하거나 나눗셈의 나머지 값(mod)을 구할 때 사용합니다. 역시 숫자 속성만 사용할 수 있습니다.

- **pow(number, number):** 앞 열 값을 뒤 열 값만큼 반복해서 곱한 결과를 출력하며, number ^ number 형태로 입력해도 됩니다.

- **mod(number, number):** 앞 열 값을 뒤 열 값으로 나눈 나머지 값을 출력하며, number % number 형태로 입력해도 됩니다.

▲ pow(prop("대학생"), prop("직장인")) 결과

▲ mod(prop("대학생"), prop("직장인")) 결과

▶ unaryMinus: 결과에 −를 붙이는 연산자

결괏값이 양수면 음수로, 음수면 양수로 바꿔주는 연산자로, 숫자 속성에서 사용합니다.

- **unaryMinus(number):** −number 형태로도 사용합니다.

▲ unaryMinus(prop("대학생")) 결과

▶ unaryPlus: 논릿값을 숫자로 변경하는 연산자

unaryPlus 연산자는 true, false와 같은 논릿값을 1과 0으로 표현합니다.

- **unaryPlus(value):** true는 1로, false는 0으로 변환합니다.

▲ unaryPlus(if(prop("대학생") 〉 prop("직장인"), true, false)) 결과

▶ not: 결과의 반대를 도출하는 연산자

논릿값으로 결과를 출력하는 연산자로, 결과가 true면 false를, false면 true를 출력합니다.

- **not(boolean):** 논릿값을 반대로 출력하며, not boolean 형태로도 사용합니다.

▲ not(prop("대학생")) 결과

▶ and, or: 두 조건 모두 충족하거나, 하나만 충족하거나

지정한 두 개의 인수 값이 모두 true인지(and), true가 하나라도 있는지(or) 확인할 수 있습니다. 반드시 두 개의 인수를 지정해야 합니다.

- **and(boolean, boolean):** 두 인수의 값이 모두 true일 때만 true를 출력하며, boolean and boolean 형태로도 사용합니다.

- **or(boolean, boolean):** 두 인수 중 하나라도 true면 true를 출력하고, 모두 false일 때만 false를 출력합니다. boolean or boolean 형태로도 사용합니다.

다음 예시는 대학생 열과 직장인 열이 체크박스 속성인 상태에서 and(prop("대학생"), prop("직장인")) 또는 prop("대학생") and prop("직장인") 형태로 입력한 결과로, 대학생 열과 직장인 열 모두 체크된 3행만 true 결괏값이 출력되었습니다.

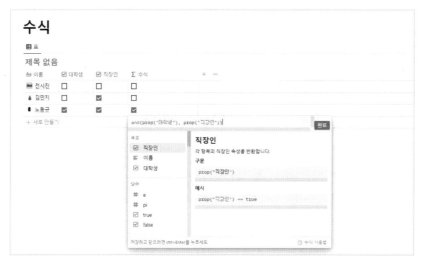

▲ and(prop("대학생"), prop("직장인")) 결과

계속해서 아래 예시는 or(prop("대학생"), prop("직장인")) 또는 prop("대학생") or prop("직장인") 형태로 입력한 결과로, 대학생 열과 직장인 열 중 하나라도 체크되어 있으면 true 결괏값이 출력됩니다.

▲ or(prop("대학생"), prop("직장인")) 결과

인수가 세 개 이상일 경우에는?

and, or 연산자는 인수가 세 개 이상일 경우 사용할 수 없습니다. 그럼에도 세 개의 인수에 대한 결과를 얻고 싶다면 다음과 같이 수식 안에 수식을 넣어 중첩 수식을 만들면 됩니다.

- and(and(인수1, 인수2), 인수3)

아래 예시는 세 개의 인수가 모두 true일 때만 true가 출력되도록 and(and(prop("대학생"), prop("가수")), prop("직장인")) 형태로 작성한 결과입니다.

▶ equal, unequal: 두 인수를 비교하는 연산자

두 인수의 속성과 값이 같을 때(equal) true를 출력하거나 속성은 같지만 값이 서로 다를 때(unequal) true를 출력합니다.

- **equal(value, value):** 두 인수의 값이 같을 때 true를 출력하며, value == value 형태로 입력해도 됩니다.

- **unequal(value, value):** 두 인수의 값이 서로 다를 때 true를 출력하며, value != value 형태로 입력해도 됩니다.

아래 예시는 equal(prop("대학생"), prop("직장인")) 또는 prop("대학생") == prop("직장인") 형태로 입력한 결과로, 대학생 열과 직장인 열의 값이 같은 1, 3행만 true를 출력합니다.

▲ equal(prop("대학생"), prop("직장인")) 결과

아래 예시는 unequal(prop("대학생"), prop("직장인")) 또는 prop("대학생") != prop("직장인") 형태로 입력한 결과로, 위 예시와 달리 값이 서로 다른 2행에 true가 출력됩니다.

▲ unequal(prop("대학생"), prop("직장인")) 결과

▶ larger, largerEq: 두 인수의 크기 비교 연산자

첫 번째 인수와 두 번째의 인수 중 첫 번째 인수가 클 때만(larger) true를 출력하거나, 크거나 같을 때(largerEq) true를 출력합니다. 텍스트, 숫자, 체크박스 속성에서 사용할 수 있습니다.

- **larger(value, value):** 앞 인수의 값이 클 때 true를 출력하며, value 〉 value 형태로 입력해도 됩니다.

- **largerEq(value, value):** 앞 인수의 값이 크거나 같을 때 true를 출력하며, value 〉= value 형태로 입력해도 됩니다.

▲ larger(prop("대학생"), prop("직장인")) 결과

▲ largerEq(prop("대학생"), prop("직장인")) 결과

▶ smaller, smallerEq: 두 인수의 크기 비교 연산자

첫 번째 인수와 두 번째의 인수 중 첫 번째 인수가 작을 때만(smaller) true를 출력하거나, 작거나 같을 때(smallerEq) true를 출력합니다. 텍스트, 숫자, 체크박스 속성에서 사용할 수 있습니다.

- **smaller(value, value):** 앞 인수의 값이 작을 때 true를 출력하며, value 〈 value 형태로 입력해도 됩니다.

- **smallerEq(value, value):** 앞 인수의 값이 작거나 같을 때 true를 출력하며, value 〈= value 형태로 입력해도 됩니다.

▲ smaller(prop("대학생"), prop("직장인")) 결과

▲ smallerEq(prop("대학생"), prop("직장인")) 결과

못하는 게 없는
고급 함수

이번에 배울 고급 함수를 이용하면 단순히 숫자를 이용한 연산이 아니라 텍스트, 날짜, 로그 등 좀 더 다양한 기능을 수행할 수 있습니다.

▶ concat, join: 텍스트를 더하는 함수

앞에서 다룬 add 연산자를 떠올리면 됩니다. 단 concat와 join 함수는 텍스트 속성과 같이 텍스트로 구성된 열만 더할 수 있습니다.

- **concat(text, text...)**: 쉼표(,)로 구분되어 입력한 텍스트 인수를 합쳐서 출력합니다.
- **join(text, text...)**: 맨 앞에 있는 인수를 나머지 인수 사이에 추가한 후 합쳐서 출력합니다.

두 함수의 가장 큰 차이는 지정한 인수를 그대로 합치느냐, 사이에 다른 텍스트를 추가해서 합치느냐입니다. 예시를 보면 좀 더 쉽게 파악할 수 있습니다.

아래 예시는 concat(prop("대학생"), prop("직장인")) 수식을 작성한 후 [완료]를 클릭한 결과 입니다. 수식 열을 보면 대학생 열과 직장인 열의 데이터가 합쳐져서 출력되는 것을 확인할 수 있습니다.

▲ concat(prop("대학생"), prop("직장인")) 결과

이어서 아래 예시는 join("-", prop("대학생"), prop("직장인")) 수식의 결과로 가장 앞에 있는 "-" 문자가 나머지 인수 사이에 포함되어 있는 것을 알 수 있습니다.

▲ join("-",prop("대학생"),prop("직장인")) 결과

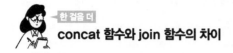

concat 함수와 join 함수의 차이

하나로 합칠 인수가 두 개뿐이라면 굳이 join 함수를 사용할 필요 없이 concat 함수로 동일한 결과를 얻을 수 있습니다. 예를 들어 아래 두 수식의 결과는 '수학-영어'로 동일합니다. 연결할 텍스트를 입력하는 위치만 다를 뿐입니다.

- join("-", "수학", "영어")
- concat("수학", "-", "영어")

하지만 연결할 인수가 여러 개이고, 그 사이사이에 모두 동일한 텍스트를 입력해야 한다면, 당연히 join 함수를 사용해야 합니다.

- join("-", "수학", "영어", "국어", "컴퓨터")

위 수식의 결과는 '수학-영어-국어-컴퓨터'입니다. 이 결과를 얻기 위해 concat 함수를 쓴다면 어떻게 해야 할까요?

- concat("수학", "-", "영어", "-", "국어", "-", "컴퓨터")

인수가 많으면 많아질수록 concat 함수로는 처리하기 어렵겠죠?

▶ slice: 지정한 위치의 텍스트만 가져오는 함수

slice 함수를 이용하면 지정한 위치의 텍스트만 남기고 나머지는 삭제할 수 있습니다. 이름에서 성만 지우고 나머지만 남기고 싶을 때와 같이 일정한 위치에 일정한 내용이 있는 데이터를 처리할 때 사용하면 좋습니다.

- **slice(text, num1):** text의 num1 위치부터 마지막 문자까지 가져옵니다.
- **slice(text, num1, num2):** text의 num1 위치에서 num2 위치 앞 문자까지 가져옵니다.

위 사용 형식에서 알 수 있듯 세 번째 인수(num2)는 생략할 수 있습니다. 여기서 중요한 것은 num1에서 지정하는 위치 번호입니다. 일반적으로 1부터 생각할 수 있지만 Notion 에서는 0이 첫 번째 번호라는 것을 기억해야 합니다.

예시를 살펴보겠습니다. num2 인수를 생략한 형태로 **slice(prop("대학생"), 1)** 수식의 결과 입니다. 대학생 열에 있는 텍스트에서 위치 번호 1, 즉 두 번째 자리부터 마지막까지 텍스트를 가져오는 수식입니다.

▲ slice(prop("대학생"), 1) 결과

이번에는 num2 인수까지 포함한 수식입니다. **slice(prop("대학생"), 2, 5)** 수식의 결과로 해석하면 대학생 열에서 3번째 문자부터 5번째 문자까지 가져온다는 뜻입니다. 여기서 num2 인수인 5는 6번째를 말합니다. 그러므로 5번째 텍스트까지 가져옵니다.

▲ slice(prop("대학생"), 2, 5) 결과

▶ length: 텍스트의 개수를 세는 함수

인수로 지정한 텍스트 또는 지정한 열에 있는 데이터의 문자 개수를 확인할 때 사용하는 함수입니다. 한글, 영문, 기호, 공백 모두 문자 개수에 포함합니다.

- **length(text):** 텍스트의 개수를 출력합니다.

▲ length(prop("대학생")) 결과

▶ format, toNumber: 텍스트 또는 숫자로 변경하는 함수

format 함수는 숫자, 날짜 등의 속성을 모두 텍스트 속성으로 변환합니다. 반대로 toNumber 함수는 텍스트 등의 속성을 모두 숫자 속성으로 변경할 때 사용하는 함수입니다.

- **format(value):** 모든 인수를 텍스트로 변환 후 출력합니다.
- **toNumber(value):** 모든 인수를 숫자로 변환 후 출력합니다.

다음 예시는 format(prop("**숫자**")) 수식의 결과로 숫자 속성을 변환한 것입니다. 숫자 속성을 수식에서 불러오면 오른쪽 정렬이 되고, 텍스트 속성을 수식에서 불러오면 왼쪽 정렬이 됩니다.

▲ format(prop("숫자")) 결과

다음 예시는 toNumber(prop("**숫자**")) 수식의 결과로 지정한 텍스트 속성 열에서 숫자를 인식하여 변환했습니다. 숫자 속성을 불러왔기 때문에 오른쪽 정렬이 되며, [123] 숫자 형식을 지정할 수 있습니다.

▲ toNumber(prop("숫자")) 결과

이외에도 논릿값 true는 1, false는 0으로 출력됩니다. toNumber 함수는 텍스트 속성이지만 숫자가 입력된 열에서 임시로 계산을 해야 할 때 사용할 수 있습니다.

- **텍스트 속성:** 텍스트에서 숫자만 출력합니다.
- **체크박스 속성:** 체크 상태(true)이면 1을, 해제 상태(false)이면 0을 출력합니다.
- **날짜 속성:** 날짜를 밀리초로 환산해서 출력합니다.

▶ contains: 단어 포함 여부를 판단하는 함수

지정한 두 인수 중 뒤에 지정한 인수가 앞에 지정한 인수에 포함되는지 확인할 수 있습니다.

- **contains(text1, text2):** text2가 text1에 포함되면 true를 출력하고, 포함되지 않으면 false를 출력합니다(체크박스 형태).

다음 예시는 contains(prop("대학생"), prop("직장인")) 수식의 결과로 직장인 열에 있는 텍스트가 대학생 열에 포함되어 있을 때만 체크 상태로 출력됩니다(true).

▲ contains(prop("대학생"), prop("직장인")) 결과

▶ replace, replaceAll: 지정한 텍스트를 다른 텍스트로 바꾸는 함수

첫 번째 인수에서 두 번째 인수를 찾아, 세 번째 인수로 변환한 후 출력하는 함수입니다. 단, replace 함수는 처음 한 번만 변환하고, replaceAll 함수는 지정한 모든 인수를 변환합니다.

- **replace(text1, text2, text3):** text1에서 처음 나오는 text2를 찾아 text3으로 교체한 후 출력합니다.
- **replaceAll(text1, text2, text3):** text1에서 text2를 모두 찾아 text3으로 교체한 후 출력합니다.

다음 두 예시는 각각 replace(prop("커뮤니티명"), "커뮤니티", "그룹")과 replaceAll(prop("커뮤니티명"), "커뮤니티", "그룹") 수식의 결과입니다. 1, 2행에는 두 번째 인수로 지정한 '커뮤니티'가 1회씩만 포함되어 있으므로 그 차이를 파악하기 어렵습니다. 하지만, 3행을 보면 '커뮤니티'가 2회 포함되어 두 함수의 차이를 확실하게 알 수 있습니다

▲ replace(prop("커뮤니티명"), "커뮤니티", "그룹") 결과

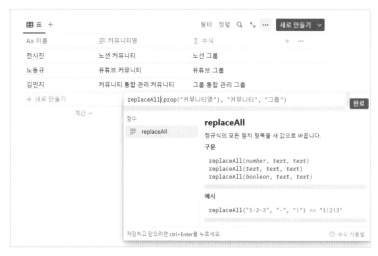

▲ replaceAll(prop("커뮤니티명"), "커뮤니티", "그룹") 결과

▶ test, empty: 지정한 텍스트 혹은 빈칸을 찾는 함수

지정한 열에서 지정한 텍스트가 있는지 확인하거나(test), 빈칸이 있는지 찾아(empty) true, false 논릿값으로 결과를 출력합니다.

- **test(value, text):** value 열에서 text를 찾아 결과를 출력합니다.
- **empty(value):** 지정한 열에서 빈 행을 찾아 결과를 출력합니다.

▲ test(prop("대학생"), "방송학과") 결과

▲ empty(prop("대학생")) 결과

▶ abs: 절댓값을 표시하는 함수

숫자 속성에서만 사용할 수 있는 함수로, 모든 음수를 양수로 표시하여 절댓값을 출력하는 함수입니다.

- **abs(number):** 절댓값을 출력합니다.

▲ abs(prop("대학생")) 결과

▶ cbrt: 큐브루트(3도 루트) 구하는 함수

일반적으로 잘 사용할 일이 없지만 수학과 관련된 사용자라면 한 번쯤 사용할 수 있는 큐브루트를 구하는 함수입니다. 숫자 속성에서만 사용할 수 있습니다.

- **cbrt(number):** 큐브루트를 출력합니다.

▲ cbrt(prop("대학생")) 결과

▶ ceil, floor, round: 올림, 내림, 반올림 함수

숫자 속성에서만 사용할 수 있으며, 값을 올림하거나(ceil), 내림하거나(floor), 반올림합니다(round).

- **ceil(number):** 값을 올림하여 출력합니다.
- **floor(number):** 값을 내림하여 출력합니다.
- **round(number):** 값을 반올림하여 출력합니다.

▲ ceil(prop("대학생")) 결과

▲ floor(prop("대학생")) 결과

▲ round(prop("대학생")) 결과

▶ exp: 오일러 상수의 거듭제곱

오일러 상수인 e를 지정한 숫자만큼 거듭제곱하는 함수입니다. 거듭제곱할 횟수를 지정해야 하므로 숫자 속성에서만 사용할 수 있습니다.

- **exp(number):** 지정한 숫자만큼 e를 거듭제곱한 결과를 출력하며, e^{number} 형태로 입력해도 됩니다.

▲ exp(prop("대학생")) 결과

▶ ln, log10, log2: 로그 관련 함수

로그와 관련된 함수로, 숫자 속성에서만 사용할 수 있습니다.

- **ln(number):** 자연로그를 출력합니다.

- **log10(number):** 밑수가 10인 로그를 출력합니다.

- **log2(number):** 밑수가 2인 로그를 출력합니다.

▲ ln(prop("대학생")) 결과

▲ log10(prop("대학생")) 결과

▲ log2(prop("대학생")) 결과

▶ max, min: 가장 큰 수 또는 가장 작은 수

여러 개의 인수를 지정하여 그중에서 가장 큰 값(max) 또는 가장 작은 값(min)을 출력하는 함수입니다. 숫자 속성에서만 사용할 수 있습니다.

- **max(number):** 가장 큰 값을 출력합니다.

- **min(number):** 가장 작은 값을 출력합니다.

▲ max(prop("대학생"), prop("직장인")) 결과

▲ min(prop("대학생"), prop("직장인")) 결과

▶ sign: 양수, 음수 여부를 판단하는 함수

숫자 속성에서만 사용할 수 있으며, 지정한 값이 양수인지(1), 음수인지(-1), 혹은 0인지 판단해서 결과를 출력합니다.

- **sign(number):** 양수일 때 1, 음수일 때 -1, 0일 때 0을 출력합니다.

▲ sign(prop("대학생")) 결과

▶ sqrt: 제곱근 함수

숫자 속성에서만 사용할 수 있으며, 지정한 값의 제곱근을 출력합니다.

- **sqrt(number):** 제곱근을 출력합니다.

▲ sqrt(prop("대학생")) 결과

▶ start, end: 시작 날짜 혹은 마지막 날짜

날짜 속성에서 사용할 수 있으며, 특히 종료일을 활성화하여 기간으로 표시된 열에서 시작 날짜와 마지막 날짜를 쉽게 파악할 수 있습니다.

- **start(date):** 기간의 시작 날짜를 출력합니다.
- **end(date):** 기간의 종료 날짜를 출력합니다.

▲ start(prop("프로젝트 기간")) 결과

▲ end(prop("프로젝트 기간")) 결과

▶ now: 오늘 날짜와 시간

인수 없이 사용하며, 사용자가 활동하고 있는 현재 날짜와 시간을 출력합니다.

● **now():** 현재 날짜와 시간을 출력합니다.

▲ now() 결과

▶ timestamp, fromTimestamp: 밀리초 관련 함수

1970년 1월을 기준으로 지정한 열의 날짜를 밀리초로 환산하거나(timestamp), 반대로
밀리초로 입력한 값을 날짜로 환산합니다(fromTimestamp). 밀리초는 시간의 단위로
1000분의 1초를 의미합니다.

● **timestamp(date):** 날짜를 밀리초로 환산하여 출력합니다.

● **fromTimestamp(number):** 숫자를 날짜로 환산하여 출력합니다.

▲ timestamp(prop("확인 날짜")) 결과

▶ dateAdd, dateSubtract: 날짜에서 기간을 더하거나 빼는 함수

기준 날짜에서 지정한 날짜만큼 더한 날짜를 구하거나 뺀 날짜를 구하는 함수입니다.

- **dateAdd(date, number, text):** date에서 number 기간만큼 더한 날짜를 출력합니다.

- **dateSubtract(date, number, text):** date에서 number 기간만큼 뺀 날짜를 출력합니다.

위 수식에서 마지막 인수인 text는 기간의 종류를 지정하는 인수입니다. 즉, 두 번째로 지정한 number 인수가 일을 의미하는지, 월을 의미하는지 등을 결정합니다. 다음과 같은 인수를 사용할 수 있습니다.

- **years:** 연 단위로 기간을 설정합니다.

- **quarters:** 분기 단위로 기간을 설정합니다.

- **months:** 월 단위로 기간을 설정합니다.

- **weeks:** 주 단위로 기간을 설정합니다.

- **days:** 일 단위로 기간을 설정합니다.

- **minutes:** 분 단위로 기간을 설정합니다.

- **seconds:** 초 단위로 기간을 설정합니다.

- **milliseconds:** 밀리초 단위로 기간을 설정합니다.

그러므로 아래 예시에서 **dateAdd(prop("Date"), 1, "years")** 수식을 작성하면 지정한 Date 열보다 1년 후의 날짜가 출력됩니다.

▲ dateAdd(prop("Date"), 1, "years") 결과

깨알 tip ▶ 프로젝트 기간 열처럼 기간으로 표시된 날짜에서는 시작일을 기준으로 계산합니다.

▶ dateBetween: 날짜와 날짜 사이의 기간을 구하는 함수

지정한 두 날짜 사이의 기간을 연, 분기, 월 등으로 파악할 수 있습니다. text 인수로 표시할 기간 단위는 앞의 dateAdd 함수와 동일합니다.

- **dateBetween(date1, date2, text):** date1에서 date2까지 경과한 기간을 출력합니다.

다음 예시는 dateBetween(prop("Date"), prop("Date2"), "days")의 결과입니다. 세 번째 인수로 days를 지정했기 때문에 두 날짜 사이의 기간을 일 단위로 출력했습니다.

▲ dateBetween(prop("프로젝트 기간"), prop("확인 날짜"), "days") 결과

▶ formatDate: 날짜 형식 지정 함수

날짜의 출력 형식을 다양하게 지정할 수 있습니다.

- **formatDate(date, text):** text 인수에서 지정한 형식으로 날짜를 출력합니다.

text 인수로 형식을 지정할 때는 아래와 같이 알파벳을 조합해서 만들 수 있으며, 알파벳의 개수에 따라 실제 출력되는 날짜 형식이 결정됩니다.

- **Y:** 연, 예)YYYY, YY

- **M:** 월, 예)MM, M

- **D:** 일, 예)DD, D

- **H:** 시, 예)HH, H

- **m:** 분, 예)mm, m

- **s:** 초, 예)ss, s

- **A:** 시간제 구분, A 입력 시 12시간제로 표시됩니다.

Notion에서 제공하는 샘플을 보면 왼쪽과 같이 수식을 작성할 때 오른쪽과 같은 결과가 나옴을 알 수 있습니다.

수식	결과
formatDate(now(), "MMMM D YYYY, HH:mm")	March 30 2010, 12:00
formatDate(now(), "YYYY/MM/DD, HH:mm")	2010/03/30, 12:00
formatDate(now(), "MM/DD/YYYY, HH:mm")	03/30/2010, 12:00
formatDate(now(), "HH:mm A")	12:00 PM
formatDate(now(), "M/D/YY")	3/30/10

▶ minute, hour, day, date, month, year: 날짜 함수

날짜에서 연도, 월, 일, 요일 등 지정한 단위의 결과만 출력할 수 있는 날짜 관련 함수들입니다.

- **minute(date):** 지정한 날짜의 '분'을 출력합니다.
- **hour(date):** 지정한 날짜의 '시'를 출력합니다.
- **day(date):** 지정한 날짜의 '요일'을 숫자로 출력합니다.
- **date(date):** 지정한 날짜의 '일'을 출력합니다.
- **month(date):** 지정한 날짜의 '월'을 숫자로 출력합니다.
- **year(date):** 지정한 날짜의 '연도'를 출력합니다.

위와 같은 날짜 관련 함수 중 특이한 함수는 day와 month 함수로, 다음과 같이 0부터 값이 표시됩니다. 표를 보고 표시되는 숫자가 의미하는 요일과 월을 기억해둬야 합니다.

결괏값	day 함수	month 함수
0	일요일	1월
1	월요일	2월
2	화요일	3월

결괏값	day 함수	month 함수
3	수요일	4월
4	목요일	5월
5	금요일	6월
6	토요일	7월
7	–	8월
8	–	9월
9	–	10월
10	–	11월
11	–	12월

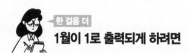

한 걸음 더

1월이 1로 출력되게 하려면

앞에서 살펴봤듯 month 함수에서 1월을 나타내는 결괏값은 0입니다. 일종의 꼼수로 앞서 배운 dateAdd 함수를 함께 사용하면 1월을 1로 표시되게 할 수 있습니다.

- month(dateAdd(prop("Date"), 1, "months"))

위 수식을 보면 지정한 날짜에 dateAdd 함수를 사용해 한 달을 더한 후 month 함수로 결과가 출력되는 방식입니다.

▲ month(dateAdd(prop("확인 날짜"), 1, "months")) 결과

Notion
04
고급 같은 기본 기능, 관계형 데이터베이스와 롤업

Chapter 03에서 데이터베이스끼리 서로 연결하는 기능인 관계형 데이터베이스를 간단하게 살펴봤는데요. 관계형 데이터베이스에서는 연결된 데이터베이스의 특정 행들을 페이지 형태로 가져와서 유동적으로 활용한다는 것을 알았을 것입니다. 관계형 데이터베이스의 단짝 친구가 바로 롤업(Rollup)입니다. 롤업은 관계형으로 연결한 데이터베이스에서 특정 열을 선택해 실제 데이터 값이 보이도록 해주기 때문이죠. 관계형 데이터베이스와 롤업 사용법을 자세히 알아보겠습니다.

▶ 서로 다른 데이터베이스 연결해보기

관계형 데이터베이스는 데이터베이스들이 동일한 페이지에 없더라도 각 데이터베이스의 데이터를 활용할 수 있도록 연결합니다. 예를 들어 A 페이지에 A-1 데이터베이스가 있고, B 페이지에 B-1 데이터베이스가 있더라도, A 페이지에서 B-1 데이터베이스의 내용을 확인하고 수정할 수 있습니다. 실습으로 관계형 데이터베이스를 만들어보겠습니다.

01 관계형 데이터베이스의 시작은 새로운 속성을 추가하는 것입니다. 열 이름 오른쪽의 [+]를 클릭해 연결할 데이터베이스에서 속성을 추가한 후 열 이름을 지정하고, 유형을 [관계형]으로 지정합니다.

02 곧바로 관계형 대상을 선택하는 데이터베이스 목록이 나타납니다. 연결할 데이터베이스를 선택하세요. 현재 목록에 없다면 데이터베이스 이름으로 검색할 수 있습니다.

깨알 tip ▶ 관계형 데이터는 직전에 사용한 데이터베이스 목록을 먼저 불러오므로, 연결할 데이터베이스를 미리 잠깐 수정하면 편리합니다. 목록에 나타나지 않고, 사용 중인 데이터베이스가 많을 때는 원하는 데이터베이스를 빠르게 찾기 어려우므로 미리 데이터베이스 이름에 이모지를 넣는 등 쉽게 구분할 수 있게 데이터베이스 이름을 변경해두는 것이 좋습니다.

03 원하는 데이터베이스(여행 계획)를 선택하면 관계형 대상에 원하는 데이터베이스가 연결됐는지 확인하고, '여행 계획에 표시'에 표시 여부를 선택합니다. 설정이 완료되었다면 [관계형 추가]를 클릭합니다.

▶ **깨알 tip** 연결된 데이터베이스에 표시를 해제하면 관계형을 생성한 데이터베이스(이 화면에서는 '여행자 명단 DB')에서만 연결된 데이터가 보입니다. 다른 데이터베이스에서는 관계된 데이터를 볼 필요 없을 때, 일방향으로만 관계할 때 이용하면 됩니다.

▶ **깨알 tip** [제한]은 관계형 데이터를 추가할 때 단일 페이지만 연결할 것인지, 여러 페이지를 연결할 것인지 설정하는 기능입니다. 서로 다른 데이터베이스에서 각 하나의 데이터끼리만 연결한다면 [제한 – 1개 페이지]를 선택해보세요. 하나의 데이터는 하나의 관계형 페이지만 생성할 수 있습니다.

04 두 개의 데이터베이스를 서로 연결했습니다. 이제 각 행에서 어떤 페이지 정보(행)를 가져올지 지정해야 합니다. 관계형 속성의 빈칸을 클릭하면 연결한 데이터베이스의 페이지(행)를 확인할 수 있습니다.

05 페이지 목록에서 현재 데이터에 연결할 페이지 이름을 클릭하면 연결한 페이지가 바로 위 섹션으로 올라갑니다. 다른 페이지 링크 중 하나를 선택하면 마찬가지로 위 섹션으로 이동하며 데이터가 연결됩니다. [중국]을 선택해서 연결했습니다.

▷ **깨알 tip** ▷ 하나의 행에 연결한 데이터베이스의 여러 페이지(행)를 선택해서 연결할 수도 있습니다.

06 빈 여백을 클릭해서 연결을 완료하면 관계형 속성 열에 페이지가 추가된 것을 확인할 수 있습니다. 나머지 행도 같은 방법으로 페이지를 연결합니다.

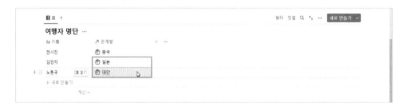

07 이제 관계형 데이터베이스가 구축되었습니다. 앞서 작업한 데이터베이스가 아닌 연결한 데이터베이스가 있는 페이지로 이동해서 확인해보면 자동으로 관계형 속성의 열이 추가된 것을 확인할 수 있습니다.

08 관계형 속성의 열에서 연결된 페이지를 클릭해서 다음과 같이 팝업 형태로 세부 내용을 확인할 수 있습니다. 연결할 페이지를 변경하려면 [−]를 클릭해서 연결을 해제하고 다시 선택하면 됩니다.

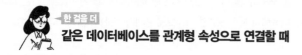

한 걸음 더

같은 데이터베이스를 관계형 속성으로 연결할 때

'여행 계획'이라는 이름의 데이터베이스에서 관계형 속성을 지정하고 연결할 데이터베이스 (관계형 대상)를 선택할 때 현재 데이터베이스(여행 계획)를 선택하면 관계형 대상이 [이 데이터베이스]라고 나타납니다. 같은 데이터베이스 내에서 데이터를 서로 연결하는 옵션이죠.

관계형 대상을 [이 데이터베이스]로 하면 동일한 데이터베이스에서 양방향으로 연결됩니다. 다시 말해 일반적인 관계형 데이터베이스에 있는 각각의 관계형 속성 열이 하나의 데이터베이스에 동시에 생겨, 같은 데이터베이스에서 서로 데이터를 연결합니다.

아래 사례를 보면 관계형 속성을 추가한 후 [다른 관계형 방향] 옵션을 켜고 '여행 계획' 데이터베이스를 연결했더니 [여행 계획에 다시 관계됨]이라는 속성이 추가되었습니다. 이러한 양방향 연결은 업무 간 종속 관계가 성립할 때 활용할 수 있습니다.

깨알 tip ▶ 화면에서 속성 추가된 게 바로 보이지 않는다면 [데이터베이스 설정 – 속성]에서 표에서 숨겨져 있는 속성의 눈 아이콘을 눌러 표시해주세요.

▶ 관계형 데이터에 다른 속성 추가하기

관계형 데이터를 추가했다면 관계형 데이터 페이지 오른쪽에 다른 속성 데이터를 확인할 수 있습니다. 관계형 페이지를 눌러 오른쪽 더 보기(···) 아이콘을 눌러보세요. 나타나는 팝업에서 눈 모양 아이콘을 클릭하면 연결된 관계형 데이터의 다른 속성 값을 한 페이지에서 볼 수 있습니다.

▶ 열 데이터를 구체적으로 확인하는 롤업 기능

롤업(Rollup)은 관계형 데이터베이스에서 연결한 페이지의 열 정보를 구체적으로 표시하는 역할을 합니다. 단순히 데이터 값을 보여주는 것뿐만 아니라 간단한 계산 값을 확인할 수도 있습니다. 실습을 통해 롤업 기능을 자세히 살펴보겠습니다.

01 새로운 열(속성)을 추가한 후 속성 유형을 [롤업]으로 지정합니다.

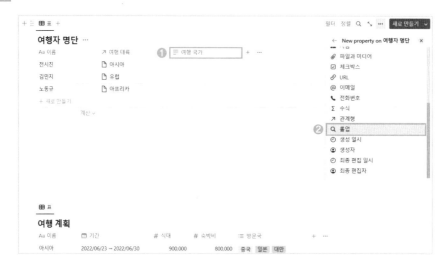

02 속성 편집 창에서 [관계형]을 연결한 데이터베이스(여행 대륙)로 선택합니다.

03 [속성]은 가져오고 싶은 데이터 [방문국]을 선택합니다.

04 여행자별 여행 대륙과 여행 국가를 한눈에 볼 수 있습니다.

▶ 여행지별 가격 정보 확인 및 합계 구하기

앞에서 진행한 롤업 속성을 좀 더 응용해보겠습니다. 관계형 데이터베이스를 구축한 후
한 행에 여러 페이지(행)를 연결할 수 있습니다. 예를 들어 여행지별로 정리되어 있는 데
이터베이스가 있을 때 경비를 별도로 정산한다고 가정해보겠습니다.

01 별도로 정산할 데이터베이스를 생성합니다. 나라별로 정리되어 있는 데이터베이스를 관계형 속성으로 연결했습니다. 그런 다음 관계형 속성 열의 칸을 클릭해 정산할 유럽, 아프리카, 아시아 데이터를 모두 선택해서 연결합니다.

02 새 열을 추가하고 속성 유형을 [롤업]으로 지정합니다. 관계형 옵션은 연결한 데이터베이스, 속성 옵션은 숙박비로 설정합니다. 이렇게 설정하면 각 대륙별 숙박비가 원본 값으로 나와 한눈에 파악하기 어렵습니다.

03 이번에는 숙박비의 전체 합계를 파악하기 위해 속성 옵션을 다시 클릭하고 계산을 [합계]로 설정합니다. 모든 대륙의 숙박비를 한 번에 계산된 채로 볼 수 있습니다.

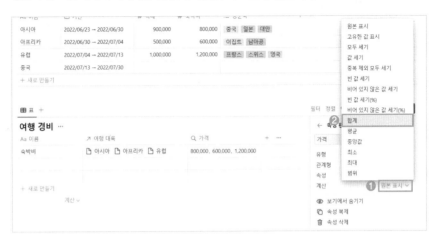

▶ 롤업 속성으로 가져온 데이터에 함수 적용해보기

롤업 기능으로 가져온 데이터는 함수를 이용하여 계산할 수는 있지만 표시 형식을 별도로 지정할 수 없습니다. 그러므로 수식 속성을 활용하여 함수를 적용하고 표기 방법을 변경하는 방법을 실습해보겠습니다.

01 다음 예시는 관계형 속성을 이용한 관계형 데이터베이스로, 롤업 속성을 활용하여 숙박비, 식대, 티켓의 합을 표시한 상태입니다. 여기에 열을 추가한 후 [수식] 속성을 지정합니다.

02 실습의 목표는 숙박비, 식대, 티켓 값을 더한 후 천 단위 구분 기호를 넣는 것입니다. 우선 3개의 데이터를 더하기 위해 수식 속성 열의 칸을 클릭한 후 add 함수를 이용하여 다음과 같이 작성합니다.

- add(add(prop("숙박비"), prop("식대")), prop("티켓"))

03 이제 숫자 표기 방식을 바꾸기 위해 계산된 데이터에 마우스 커서를 가져가면 나타나는 [123] 아이콘을 클릭하고, 다양한 표시 형식 중 천 단위마다 쉼표(,)를 표시하는 [쉼표가 포함된 숫자]를 선택합니다.

04 숙박비, 식대, 티켓 값의 합계가 천 단위 구분 기호로 표시되었습니다.

▶ 상태 속성, 롤업에서 활용하기

상태 속성을 만든 상태에서 관계형 데이터와 롤업을 이용해 데이터를 가져오면 상태 속성 내에 그룹의 통계 정보를 가져올 수 있습니다. 관계된 데이터 중 선택한 그룹의 개수가 몇 개인지 선택할 수 있습니다. 예를 들어 연결한 데이터 중 할 일 그룹에 있는 데이터는 몇 개인지, 완료 그룹에 있는 태그는 몇 개인지 자동으로 세어줍니다.

01 관계형 데이터를 연결한 후 새 열을 추가하고 롤업 속성을 지정합니다.

02 관계형을 연결한 데이터베이스로 선택하고, 속성을 [상태] 속성으로 선택한 후 계산을 클릭해 보면 [그룹별 개수]와 [그룹별 퍼센트]가 생성되어 있습니다. 연결한 데이터 중 할 일 그룹에 속한 데이터가 몇 개인지 파악하기 위해 [그룹별 개수 – To-do]를 선택합니다.

03 여행자 명단 DB에 '김민지' 데이터를 보면 아시아, 아프리카, 유럽이 할 일 그룹에 속해 총 3개의 데이터 중 3개가 할 일 그룹에 속해 있다고 표시되어 있습니다.

04 여행자 명단 DB에 '전시진' 데이터를 보면 중국, 이집트, 아프리카, 아시아, 유럽 총 5개 데이터 중, 할 일 그룹에 속한 데이터는 아시아, 아프리카, 유럽 3개의 데이터이기 때문에 '3/5'라고 표시되어 있습니다.

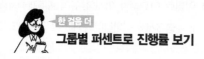

한 걸음 더
그룹별 퍼센트로 진행률 보기

[그룹별 퍼센트 – Complete]로 데이터를 설정하면 관계된 데이터 중 총 몇 퍼센트가 완료되었는지 나타납니다. 이렇게 데이터를 설정하면 특정 프로젝트에 할 일을 연결시켜 이 프로젝트를 완료하기 위해 할 일이 몇 %가 완료되었는지 진행률도 파악할 수 있습니다.

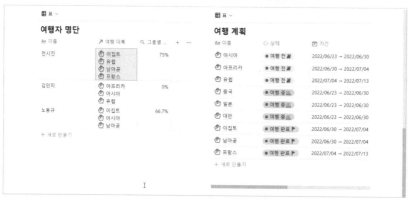

Chapter 05

Notion으로
생산성 올리기

앞서 우리는 Notion의 기본 기능에 대해 알아보았습니다.

이제는 기본 기능을 더욱 효율적으로 활용할 수 있게 도와주는

다양한 기능과 방법에 대해 알아보겠습니다.

Notion 01 작업 속도를 2배로 올려줄 단축키와 명령어

거의 모든 도구가 그렇듯이 Notion도 단축키를 사용하면 좀 더 빨리 원하는 결과를 얻을 수 있습니다. 기본적인 단축키 이외에도 슬래시(/) 명령어는 Notion의 가장 기본 단위인 블록을 빠르게 생성할 수 있으므로 필수로 알아야 한다고 이야기할 정도로 자주 사용합니다. macOS 사용자는 다음 내용에서 Ctrl 대신 cmd 를, Alt 대신 option 을 누르면 됩니다.

▶ 빠른 실행을 도와주는 단축키

많이 쓰이는 단축키

- Ctrl + N : 새 페이지를 만듭니다(데스크톱 앱 전용).
- Ctrl + Shift + N 또는 Ctrl + 클릭: 새 Notion 창을 엽니다.

- Ctrl + P : 검색 창을 열거나 최근에 본 페이지로 이동합니다.

- Ctrl + [: 이전 페이지로 이동합니다.

- Ctrl +] : 다음 페이지로 이동합니다.

- Ctrl + Shift + L : 다크 모드로 전환합니다.

- Enter : 텍스트 한 줄을 삽입합니다.

- Shift + Enter : 텍스트 블록 안에서 줄을 바꿉니다.

- Ctrl + Shift + M : 댓글을 달 수 있습니다.

- ---(대시 3개): 구분선을 만듭니다.

- **텍스트를 선택하고** Ctrl + B : 텍스트가 굵게 표시됩니다.

- **텍스트를 선택하고** Ctrl + I : 텍스트가 기울임꼴로 표시됩니다.

- **텍스트를 선택하고** Ctrl + U : 텍스트에 밑줄이 그어집니다.

- **텍스트를 선택하고** Ctrl + Shift + S : 텍스트에 취소선이 그어집니다.

- **텍스트를 선택하고** Ctrl + K : 링크를 추가할 수 있습니다. 선택한 텍스트에 Ctrl + V 로 URL을 붙여넣어도 링크를 추가할 수 있습니다.

- **텍스트를 선택하고** Ctrl + E : 인라인 코드로 표시됩니다.

- Tab : 들여쓰기를 합니다. 들여쓰기한 블록은 위에 있는 블록의 하위 블록이 됩니다. 상위 블록을 선택하면 모든 하위 블록이 함께 선택됩니다.

- Shift + Tab : 내어쓰기를 합니다.

- Ctrl + Alt + Shift + F / cmd + Ctrl + Shift + F : 현재 열린 페이지를 사이드바에 고정합니다.

> **깨알 tip** : 다음에 이모지 이름을 입력하면 Notion 페이지에 인라인 이모지를 추가할 수 있습니다. 🍎를 사용하려면 **:사과**를 입력하고 사과 모양 이모지를 선택하고, 👏를 사용하려면 **:손뼉**을 입력해보세요.

또한, Mac의 경우 Ctrl + cmd + Space , Windows의 경우 win + . 또는 win + ; 로 컴퓨터의 이모지 입력기를 불러올 수 있습니다.

콘텐츠 만들고 꾸미기

- 블록의 시작이나 끝에서 **/전환**을 입력하면 다른 유형의 블록으로 전환할 수 있습니다. 메뉴가 나타나면 원하는 블록 유형을 선택하세요.

- 텍스트 블록의 시작이나 끝에서 **/색**을 입력하면 글자색이나 배경색을 바꿀 수 있습니다(색을 없애려면 **/기본색**을 입력하세요). 예를 들어, **/파란색**, **/파란색 배경**을 입력할 수 있어요.

- `Ctrl` + `option`/`Shift` + `0` : 텍스트를 생성합니다.

- `Ctrl` + `option`/`Shift` + `1` : 제목 1을 생성합니다.

- `Ctrl` + `option`/`Shift` + `2` : 제목 2를 생성합니다.

- `Ctrl` + `option`/`Shift` + `3` : 제목 3을 생성합니다.

- `Ctrl` + `option`/`Shift` + `4` : 할 일 목록 체크박스를 생성합니다.

- `Ctrl` + `option`/`Shift` + `5` : 글머리 기호 목록을 생성합니다.

- `Ctrl` + `option`/`Shift` + `6` : 숫자 매기기 목록을 생성합니다.

- `Ctrl` + `option`/`Shift` + `7` : 토글 목록을 생성합니다.

- `Ctrl` + `option`/`Shift` + `8` : 코드 블록을 생성합니다.

- `Ctrl` + `option`/`Shift` + `9` : 새 페이지를 생성하거나 해당 텍스트 블록을 페이지로 전환합니다.

- `Ctrl` + `+` : 화면을 확대해서 봅니다.

- `Ctrl` + `−` : 화면을 축소해서 봅니다.

- `Ctrl` + `Shift` + `U` : 상위 페이지로 이동합니다.

- `Alt` 를 누른 채 Notion 페이지 콘텐츠를 드래그하면 복제됩니다.

블록 편집하고 옮기기

- `Esc` : 현재 블록을 선택하거나, 선택된 블록을 선택 해제합니다.

- `Ctrl` + `A` : 한 번 누르면 현재 커서 위치의 블록을 선택합니다.

- `Space` : 선택한 이미지를 전체 화면으로 열거나, 전체 화면을 종료합니다.

- ←/→/↑/↓: 다른 블록을 선택합니다.

- Shift + ↑/↓: 위/아래 블록을 함께 선택합니다.

- cmd + Shift + 클릭(macOS), Alt + Shift + 클릭(Windows/Linux): 블록 전체를 선택하거나 선택 해제합니다.

- Shift + 클릭: 다른 블록과 그 사이의 모든 블록을 선택합니다.

- Backspace 또는 Delete: 선택한 블록을 삭제합니다.

- Ctrl + D: 선택한 블록을 복제합니다.

- Enter: 선택한 블록의 텍스트를 편집합니다(또는 페이지 안의 페이지를 엽니다).

- Ctrl + /: 선택한 모든 블록을 편집하거나 변경합니다. 이 단축키를 사용하면 블록 유형이나 색을 바꿀 수 있고, 블록을 편집, 복제, 이동할 수 있습니다. 팝업 메뉴 상단 텍스트 박스에 원하는 작업이나 블록, 색을 입력하세요.

- 데이터베이스에서 여러 행이나 카드를 선택하고 Ctrl + /를 입력해 한 번에 편집하세요.

- Ctrl + Shift + ↑/↓: 선택한 블록을 이동합니다.

- Ctrl + Alt + T: 모든 토글 목록을 펼치거나 닫습니다.

- Ctrl + Shift + H: 마지막으로 사용한 글자색이나 배경색을 적용합니다.

- Ctrl + Enter: 현재 블록을 수정합니다. 페이지 열기, 할 일 목록 체크 또는 체크 해제, 토글 목록 펼치거나 닫기, 임베드나 이미지 전체 화면으로 열기 등의 작업이 적용됩니다.

▶ 마크다운 스타일 문법

입력 중 사용할 수 있는 마크다운 문법

- 텍스트 양쪽에 **를 입력하면 굵게 표시됩니다.

- 텍스트 양쪽에 *를 입력하면 기울임꼴로 표시됩니다.

- 텍스트 양쪽에 ```을 입력하면 인라인 코드로 표시됩니다(숫자 키 1 왼쪽에 있는 기호입니다).

- 텍스트 양쪽에 ~를 입력하면 취소선이 그어집니다.

입력 전 사용할 수 있는 마크다운 문법

- 새로운 줄이나 콘텐츠 블록 시작 부분에 *나 -, + 다음에 Space 를 입력하면 글머리 기호 목록을 만듭니다.

- []를 입력하면 할 일 목록 체크박스를 만듭니다(대괄호 사이에 Space 를 누르지 않습니다).

- **1.이나 a., i. 다음에** Space : 번호 매기기 목록을 만듭니다.

- **# 다음에** Space : 제목 1(대제목)을 만듭니다.

- **## 다음에** Space : 제목 2(중제목)를 만듭니다.

- **### 다음에** Space : 제목 3(소제목)을 만듭니다.

- **〉다음에** Space : 토글 목록을 만듭니다.

- **" 다음에** Space : 인용 블록을 만듭니다.

▶ **/ 명령어**

슬래시(/) 명령어는 필요한 블록을 빠르게 생성할 수 있는 명령이므로 Notion을 더욱 빠르게 활용할 수 있습니다. 또한 모든 명령어를 다 입력할 필요 없이 한두 단어를 입력하면 관련 블록 목록이 표시되어 빠르게 선택할 수 있습니다. 슬래시 명령어는 Chapter 02에서 배운 각 블록 명칭을 그대로 입력하면 사용할 수 있습니다. 다시 한번 복습한다는 생각으로 살펴보세요.

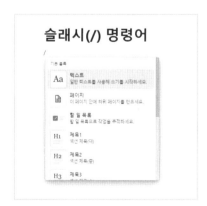

기본

- **/텍스트** 또는 **/일반**: 새 텍스트 블록을 만듭니다.

- **/페이지**: 새 페이지를 만듭니다. Enter 를 누르면 페이지가 자동으로 열립니다.

- **/글머리 기호**: 글머리 기호 목록을 만듭니다.

- **/번호**: 번호 매기기 목록을 만듭니다.

- **/할일**: 체크박스로 나타나는 할 일 목록을 만듭니다.

- **/토글:** 토글 목록을 만듭니다.

- **/구분선:** 연한 회색의 구분선을 만듭니다.

- **/인용:** 글씨체가 큰 인용 블록을 만듭니다.

- **/제목1 또는 /#:** 제목 1(대제목)을 만듭니다.

- **/제목 2 또는 /##:** 제목 2(중제목)을 만듭니다.

- **/제목 3 또는 /###:** 제목 3(소제목)을 만듭니다.

- **/링크:** 워크스페이스 내 다른 페이지로 연결되는 링크를 만듭니다.

- Esc 로 / 명령어 메뉴를 끌 수 있습니다. /를 입력할 때 편리하죠.

인라인

- **/멘션:** 사용자나 페이지를 멘션할 수 있습니다.

- **/날짜 또는 /리마인더:** 페이지 안에 날짜를 기록하거나 리마인더를 설정할 수 있습니다.

- **/수학공식:** 텍스트 안에 TeX 수식을 넣을 수 있습니다.

- **/이모지:** 이모지 선택기를 엽니다.

데이터베이스

- **표 보기:** 페이지 안에 표 형식의 데이터베이스를 만듭니다.

- **보드 보기:** 페이지 안에 칸반 보드 형식의 데이터베이스를 만듭니다.

- **캘린더 보기:** 페이지 안에 달력 형식의 데이터베이스를 만듭니다.

- **리스트 보기:** 페이지 안에 목록 형식의 데이터베이스를 만듭니다.

- **갤러리 보기:** 페이지 안에 섬네일 갤러리 형식의 데이터베이스를 만듭니다.

- **타임라인 보기:** 페이지 안에 간트 차트 형식의 데이터베이스를 만듭니다.

- **데이터베이스-인라인:** 페이지 안에 데이터베이스를 만듭니다.

- **데이터베이스-전체:** 데이터베이스가 별개의 페이지에서 열립니다.

- **/링크된:** 링크된 데이터베이스를 만듭니다. 링크된 데이터베이스는 기존 데이터베이스의 사본으로, 어느 페이지에나 인라인으로 삽입하고 원하는 대로 필터를 적용해서 볼 수 있습니다. 하나의 데이터베이스를 페이지마다 여러 방식으로 볼 때 유용합니다.

미디어

- **/이미지:** 이미지를 업로드나 임베드하고, Unsplash에서 이미지를 가져올 수 있습니다.

- **/pdf:** PDF의 URL을 붙여넣으면 페이지에서 인라인으로 표시됩니다.

- **/북마크:** 웹사이트의 URL을 붙여넣으면 북마크를 만듭니다.

- **/동영상:** 동영상 파일을 업로드하거나, YouTube, Vimeo 등의 동영상을 임베드할 수 있습니다.

- **/오디오:** 오디오 파일을 업로드하거나, SoundCloud, Spotify 등의 음원을 임베드할 수 있습니다.

- **/코드:** 코드 조각을 작성하고 복사할 수 있는 코드 블록을 만듭니다.

- **/파일:** 컴퓨터의 파일을 업로드하거나 웹의 파일을 임베드할 수 있습니다.

- **/임베드:** Notion에서 작동하는 500가지 이상의 임베드를 추가할 수 있습니다.

고급

- **/댓글:** 블록에 댓글을 달 수 있습니다.

- **/복제:** 현재 블록의 사본을 만듭니다.

- **/옮기기:** 블록을 다른 페이지로 옮길 수 있습니다.

- **/삭제:** 현재 블록을 삭제합니다.

- **/목차:** 목차 블록을 만듭니다.

- **/버튼** 또는 **/템플릿:** 원하는 블록 조합을 복제할 수 있는 템플릿 버튼을 만듭니다.

- **/이동 경로:** 현재 페이지가 워크스페이스 어디에 있는지 보여주는 이동 경로 메뉴를 삽입합니다.

- **/수학 블록** 또는 **/라텍스:** Tex를 사용한 수학 공식이나 기호를 사용할 수 있습니다.

▶ @ 명령어

- **사용자 멘션하기:** @와 워크스페이스 멤버의 이름을 입력해 관심을 끌어보세요. 멘션된 사용자는 알림을 받습니다. 댓글에 유용한 기능이에요.

- **페이지 멘션하기:** @와 워크스페이스 내 페이지 제목을 입력하면 해당 페이지로 이동하는 인라인 링크를 생성합니다. 페이지 제목이 바뀌면 링크도 자동으로 바뀝니다.

- **날짜 멘션하기:** @와 날짜를 입력하세요('어제', '오늘', '내일', '다음 주 수요일' 등의 상대 시간도 가능합니다). 마감일을 설정할 때 유용합니다.

- **리마인더 설정하기:** @리마인더 다음에 날짜('어제', '오늘', '내일' 등 포함)를 입력하세요. 나타나는 링크를 클릭해 리마인더의 정확한 날짜와 시간을 지정할 수 있습니다. 지정한 시간에 알림을 받게 됩니다.

- @를 입력하려면 Esc 를 눌러 @ 명령어 메뉴를 끄세요.

▶ [[명령어

- **페이지 링크하기:** [[와 워크스페이스 내 페이지 제목을 입력하면 해당 페이지로 이동하는 링크를 생성합니다. 페이지 제목이 바뀌면 링크도 자동으로 바뀝니다.

- **하위 페이지 만들기:** [[와 추가하려는 하위 페이지의 제목을 입력하세요. 드롭다운 메뉴가 나타나면 마우스나 방향키로 [+ 새 하위 페이지 추가]를 선택하세요.

- **다른 곳에 새 페이지 만들기:** [[와 만들려는 페이지의 제목을 입력하세요. 드롭다운 메뉴가 나타나면 마우스나 방향키로 [／ 새 페이지 추가]를 선택한 뒤 페이지를 추가하고 싶은 다른 페이지나 데이터베이스를 선택하면 됩니다.

▶ + 명령어

- **하위 페이지 만들기:** +와 추가하려는 하위 페이지의 제목을 입력하세요. 드롭다운 메뉴가 나타나면 마우스나 방향키로 [+ 새 하위 페이지]를 선택하세요.

- **다른 곳에 새 페이지 만들기:** +와 만들려는 페이지의 제목을 입력하세요. 드롭다운 메뉴가 나타나면 마우스나 방향키로 [／ 새 페이지 추가]를 선택한 뒤 페이지를 추가하고 싶은 다른 페이지나 데이터베이스를 선택하면 됩니다.

- **페이지 링크하기:** +와 워크스페이스 내 페이지 제목을 입력하면 해당 페이지로 이동하는 링크를 생성합니다. 페이지 제목이 바뀌면 링크도 자동으로 바뀝니다.

Notion 02 Notion의 제어판, 왼쪽 사이드바 활용하기

Notion의 왼쪽 사이드바는 섹션과 페이지를 모아놓은 책갈피이자 제어판입니다. 앞서 기본기를 다루면서 왼쪽 사이드바가 즐겨찾기, 팀스페이스, 개인 페이지라는 섹션으로 구분된다는 것을 알았습니다. 여기에 추가로 공유된 페이지 섹션까지 포함해서 모두 4가지 섹션이 있습니다. 여기서는 각 섹션에 대해 좀 더 자세히 다루면서 Notion의 강력한 인덱스 기능을 경험할 수 있는 **[검색]**, 모든 변경 사항을 볼 수 있는 **[업데이트]**, 전체적인 Notion 설정과 다른 사용자를 초대할 수 있는 **[설정과 멤버]**까지 자세하게 살펴보겠습니다.

▶ 업데이트: 변경 사항을 한 방에 확인하기

현재 워크스페이스에 변경이 있을 때마다 왼쪽 사이드바에 있는 [업데이트]에 업데이트 개수가 표시됩니다. [업데이트]를 클릭하면 팝업 창이 나타나며 워크스페이스에 추가되는 새로운  작업부터 페이지 중 하나에 추가되는 목록까지 모든 변경 사항을 파악할 수 있습니다.

단순히 텍스트뿐 아니라 각종 블록의 변경 사항은 물론, 권한 변경, 페이지 이동, 데이터베이스 속성 변경 등도 모두 알 수 있어 매우 유용합니다. 스마트폰 애플리케이션에서는 오른쪽 상단의 시계 아이콘을 터치하여 모든 업데이트 기능을 사용할 수 있습니다.

[업데이트]를 클릭해보면 다음과 같은 주요 탭으로 구성되어 있습니다. 각 탭에서는 다음과 같은 정보를 확인할 수 있습니다.

- **수신함:** 페이지나 댓글에서 @를 통해 언급된 경우를 보여줍니다.
- **보관함:** 수신함에 있는 목록에서 [이 알림 보관] 아이콘을 클릭한 알림이 저장됩니다.
- **전체:** 내가 소속된 워크스페이스의 모든 변경 사항을 확인할 수 있습니다.

▲ 업데이트 팝업 창에서 설정 아이콘을 클릭하면 [내 알림] 팝업 창이 열립니다.

팝업 창에서 확인하지 않은 새로운 변경 사항은 하늘색으로 표시됩니다. 또한, 개인 페이지 섹션에서 사용 중인 페이지의 변경 사항에는 '개인 페이지'라고 표시됩니다. 변경 사항이 있을 때 푸시 알람을 받고 싶다면 팝업 창 오른쪽에 있는 톱니바퀴 모양의 설정 아이콘을 클릭하여 변경할 수 있습니다.

▶ 즐겨찾기 섹션: 자주 사용하는 페이지를 한곳에 모아두기

자주 사용하는 페이지라면 왼쪽 사이드바에 쉽게 접근할 수 있도록 즐겨찾기 섹션에 등록할 수 있습니다. 페이지를 즐겨찾기로 등록하려면 해당 페이지로 이동하여 오른쪽 상단에 나타나는 [즐겨찾기에 추가](☆) 아이콘을 클릭하면 됩니다. 스마트폰 애플리케이션이라면 상단 표시줄의 […] 아이콘을 터치한 후 [즐겨찾기에 추가]를 선택합니다.

페이지를 즐겨찾기로 추가하면 이제서야 즐겨찾기라는 새로운 섹션이 왼쪽 사이드바에 나타날 것입니다. 여기서 즐겨찾기로 지정한 모든 페이지를 한 번에 확인하고 쉽게 접근할 수 있습니다.

즐겨찾기 섹션 내에서 페이지의 순서는 위아래로 드래그하여 변경할 수 있습니다.

깨알 tip 즐겨찾기 섹션에 등록했다고, 기존 팀스페이스나 개인 페이지 섹션에 있는 페이지가 사라지는 것은 아닙니다. 컴퓨터의 바로가기 아이콘처럼 접근할 수 있는 링크만 추가된 것이라고 이해하면 됩니다.

▶ 팀스페이스 섹션: 협업이 필요한 페이지

팀스페이스 섹션은 협업을 위한 공간입니다. 팀스페이스 섹션에 새 페이지를 추가하려면 마우스 커서를 가져갈 때 나타나는 [+] 버튼을 클릭하며, 팀스페이스 섹션에서 만든 페이지는 별도로 권한을 설정할 필요 없이 자동으로 현재 협업 중인 다른 팀원들도 바로 접근하고 편집할 수 있게 됩니다.

깨알 tip 처음 계정을 생성할 때 질문에서 개인용을 선택했다면 이후 페이지 공유 기능을 사용해야 팀스페이스와 개인 페이지 섹션이 구분됩니다. 팀용으로 선택했다면 처음부터 팀스페이스와 개인 페이지 섹션이 구분되어 있습니다.

▶ 개인 페이지 섹션: 나만의 개인 공간

개인 페이지와 팀스페이스 섹션을 구분하는 것은 각 섹션에 있는 페이지의 접근 권한을 다른 사용자가 가지고 있는지 여부입니다. 개인 페이지 섹션에서 만든 페이지는 오른쪽 상단에 있는 [공유] 메뉴에서 별도로 공유하거나 게스트를 초대하지 않는 한 다른 사용자가 접근할 수 없습니다. 새로운 개인용 페이지를 시작하려면 왼쪽 사이드바에서 개인 페이지 섹션의 [+] 아이콘을 클릭하면 됩니다.

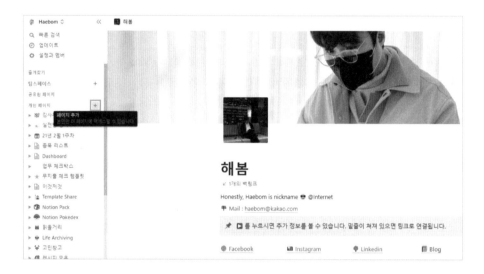

자신이 소유자로 관리하는 팀스페이스 섹션에 만든 페이지와 개인 페이지 섹션에 만든 페이지는 드래그해서 언제든지 서로 다른 섹션으로 옮길 수 있습니다. 마찬가지로 같은 섹션 내에서 순서도 드래그해서 변경할 수 있습니다.

단, 보안상 문제가 발생할 수 있으므로, 단순 멤버로 참여 중인 팀스페이스에서 옮기기는 제한되며, 소유 중인 팀스페이스 섹션에서 개인 페이지 섹션으로 옮길 때 아래와 같은 경고 창이 나타나며 [개인 페이지로 옮기기] 버튼을 클릭하면 최종 이동됩니다.

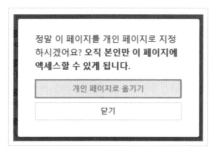

 한 걸음 더

협업을 위한 세부 권한 설정이 필요한 페이지는 어디에 만들어야 할까요?

팀내 일부에게만 공유하고 싶은 자료 혹은 세세한 권한 설정이 필요한 자료라면 개인 페이지 섹션에 페이지를 만들고, 그런 다음 별도로 권한을 부여하는 게 좋습니다. 앞서 이야기했듯 팀스페이스 섹션에 페이지를 만드는 순간 모든 팀원에게 공유되기 때문입니다. 권한 설정에 대한 자세한 내용은 Chapter 06을 참조해주세요.

▶ 공유된 페이지 섹션: 임의의 사용자와 공유한 페이지

임의의 다른 사용자에게 페이지를 공유했거나 공유를 받았다면 왼쪽 사이드바의 공유된
페이지 섹션에 표시됩니다. 즉 팀스페이스 섹션에서 공유된 팀이 아닌 특정 페이지에 게
스트로 초대한 경우 생성됩니다. 만약 초대한 페이지가 없다면 공유된 페이지 섹션은 나
타나지 않습니다. 게스트 초대 즉, 공유된 페이지 섹션과 관련해서는 347쪽에서 좀 더 자
세히 다루겠습니다.

공유된 페이지 섹션에는 공유된 모든 페이지가 표시되며, 쉽게 참조하고 접근할 수 있습
니다. 더 이상 관심이 없는 데이터가 포함된 페이지라면 해당 페이지 이름 오른쪽에 나타
나는 더 보기(…) 아이콘을 클릭한 후 [사이드바에서 제거]를 선택하면 제거할 수 있습니다.

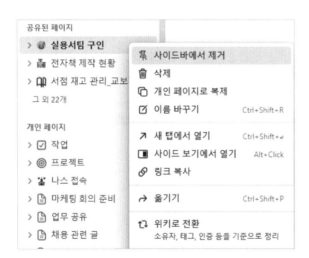

Notion 03 자료를 빠르게 찾는 검색 기능

Notion을 꾸준히 사용하면 데이터가 점점 축적되어 나중에는 마우스로 일일이 항목을 찾기 어려워지게 됩니다. 어떻게 하면 조금 더 빠르게 자료를 찾을 수 있을까요?

▶ 모든 페이지의 내용을 찾아주는 빠른 검색

왼쪽 사이드바 상단에 있는 [검색]을 클릭하거나 단축키 Ctrl + P 를 눌러 빠른 검색 기능을 사용해보세요. 스마트폰 앱에서는 하단 돋보기 아이콘을 클릭해 검색 기능을 이용할 수 있습니다. [검색] 기능을 활성화하면 다음과 같은 팝업 창이 나타나며, 모든 섹션에서 페이지 제목과 텍스트 블록 등의 텍스트를 검색합니다. 단, 이미지 같은 미디어 파일이나 페이지에 삽입된 파일 이름은 검색되지 않습니다.

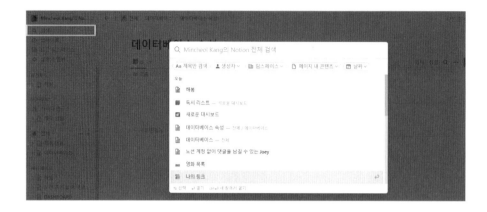

▶ 내용을 더욱 정교하게 검색하는 필터링

[검색]을 이용해도 원하는 결과가 나오지 않나요? 그렇다면 필터링 기능을 통해 정교한 검색을 해보세요. 작성자, 지난 주에 수정한 페이지, 현재 페이지로 빠르게 찾을 수 있고, 페이지 내 콘텐츠, 생성자, 생성일, 최종 편집일시와 같은 추가 필터를 통해 더욱 정교한 기준으로 검색할 수 있습니다.

01 **Ctrl** + **P**를 눌러 [검색] 기능을 실행한 후 검색어를 입력하고 검색창 아래쪽에 나타난 필터 목록을 확인합니다. [제목만]을 활성화해 페이지 이름으로만 검색할 수 있습니다. 제목란에 입력된 정보만 검색됩니다.

02 [생성자]를 클릭하면 페이지를 작성한 사용자를 기반으로 검색할 수 있습니다.

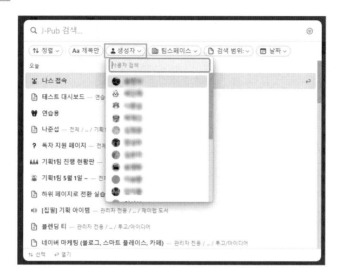

03 [팀스페이스]를 클릭하면 데이터가 속한 팀스페이스를 기준으로 검색합니다.

04 [검색 범위:]를 활성화하면 특정 페이지를 선택하여 해당 페이지를 기반으로 검색합니다.

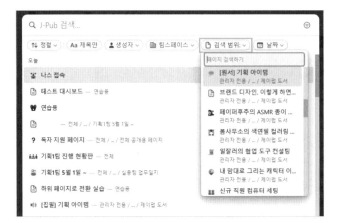

05 [날짜]를 클릭하면 날짜를 기준으로 검색을 할 수 있습니다. [생성일], [최종 편집]을 기준으로 특정 기간에 작성된 내용을 검색할 수 있습니다.

06 [제목만], [생성자], [팀스페이스], [검색 범위:], [날짜] 옵션을 중복하여 적용할 수 있으며 or 조건이 적용됩니다.

▶ 페이지에 포함된 텍스트 검색하기

특정 페이지에서 Ctrl + F를 눌러 일반 검색 기능을 사용합니다. 이 검색 방식은 현재 작업 중인 페이지 내에서만 검색이 되며, 임베드 블록 등으로 페이지에 삽입한 웹페이지나 PDF 파일 내의 텍스트도 함께 검색할 수 있습니다.

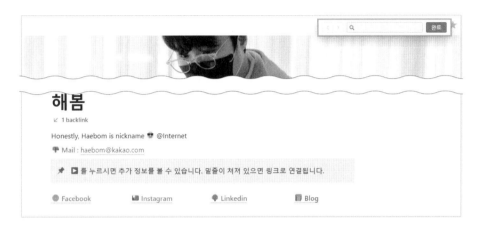

▶ 데이터베이스 검색하기

데이터베이스 속성 값 중 선택, 다중 선택 열의 값은 [검색] 기능으로 검색되지 않습니다. 이럴 경우 각 데이터베이스 오른쪽 상단에 있는 돋보기 모양의 [검색] 아이콘을 클릭해서 검색합니다.

반복되는 작업을 위한 버튼 활용하기

반복적으로 작성하는 업무양식이나 체크리스트가 있나요? 같은 작업을 여러 번 하는 것은 시간 낭비입니다. 기존 문서를 복사하여 붙여넣는 것도 마찬가지죠. Notion에서는 버튼(Button) 기능을 이용하여 원하는 블록을 구성하고, 페이지를 한 번만 작성해놓으면 이후 버튼을 클릭하여 동일한 블록 구성이나 페이지를 빠르게 재사용할 수 있습니다.

버튼은 슬래시(/) 명령어로 간단히 만들 수 있습니다. 페이지 내에서 버튼을 추가할 위치를 클릭한 후 **/버튼**을 입력하고 [Enter]를 누르면 버튼의 기본 양식이 나타나며 다음과 같은 방법으로 버튼 단계를 추가하거나 페이지를 편집할 수 있습니다.

▶ 버튼으로 블록 삽입하기

버튼을 처음 추가하면 아래와 같이 버튼 기능에 추가할 수 있는 기능이 메뉴로 표시됩니다. 우선 [블록 삽입] 메뉴를 선택합니다.

▲ 버튼의 기본 양식

아래와 같이 블록 삽입 창이 열리면 다음과 같은 과정을 거쳐 블록을 삽입할 수 있습니다.

01 '새 버튼' 입력란에 사용할 버튼의 명칭을 입력합니다.

02 완성한 버튼을 클릭했을 때 블록이 추가될 위치로, 버튼의 위와 아래 중 선택할 수 있습니다.

03 버튼을 클릭했을 때 기본으로 표시될 템플릿을 작성합니다. 체크박스, 글머리 기호, 토글 목록 등 콘텐츠 블록은 무엇이든 삽입할 수 있습니다.

04 [완료] 버튼을 클릭해서 블록 삽입 버튼을 완성합니다.

▲ 블록 삽입의 기본 양식

▶ 버튼으로 데이터베이스에 페이지 추가하기

지정한 데이터베이스에서 지정해 놓은 내용으로 새로운 행을 추가할 수 있습니다. 버튼을 추가한 후 **[페이지 추가 위치]** 메뉴를 선택하고 다음 과정을 수행합니다.

01 연결할 데이터베이스를 선택합니다.

02 추가될 새로운 행(페이지)의 어떤 속성에 어떤 내용을 입력할지 설정합니다.

03 [완료] 버튼을 클릭합니다. 이후 버튼을 클릭하면 해당 데이터베이스에 새로운 행이 추가되고, 설정한 내용이 자동으로 입력됩니다.

▲ 페이지 추가 위치의 기본 양식

▶ 버튼으로 데이터베이스 내용 편집하기

지정한 데이터베이스에서 필터를 사용하여 포함되는 페이지의 내용을 일괄 편집할 수 있습니다. 버튼을 추가한 후 [페이지 편집 위치] 메뉴를 선택하고 다음 과정을 수행합니다.

`01` 연결할 데이터베이스를 선택합니다.

`02` 필터를 설정합니다. 필터를 설정하지 않으면 데이터베이스의 모든 페이지가 편집됩니다.

`03` 편집할 속성과 내용을 설정합니다.

`04` [완료] 버튼을 클릭합니다.

▲ 페이지 편집 위치의 기본 양식

▶ 버튼으로 확인 표시하기

블록 추가나 페이지 편집 등의 기능이 실행하기 전에 확인할 수 있는 창이 나타나게 할 수 있습니다. 버튼을 클릭했을 때 실행될 기능을 먼저 설정합니다. 그런 다음 [다른 단계 추가]를 클릭한 후 [확인 표시]를 선택하면 됩니다. 반대로 [확인 표시]를 먼저 완료한 후 [다른 단계 추가] 메뉴를 선택해서 블록 추가 등의 기능을 설정해도 됩니다.

▲ 확인 표시 메뉴

다음과 같이 확인 표시 기본 양식이 열리면 창의 안내 문구부터 버튼의 명칭까지 직접 변경하거나 그대로 유지한 채 [완료] 버튼을 클릭합니다.

이후 완성한 버튼을 클릭해서 실행하면 다음과 별도의 팝업 창이 나타나고 **[계속]** 버튼을 클릭하면 블록 삽입이나 페이지 편집 등의 기능이 실행되고, **[취소]** 버튼을 클릭하면 버튼 기능이 실행되지 않습니다.

▶ 페이지 열기

버튼을 클릭하면 원하는 모드로 선택한 페이지를 열 수 있습니다. 버튼을 추가한 후 **[페이 지 열기]** 메뉴를 선택합니다. 그런 다음 버튼의 이름과 버튼을 클릭했을 때 열 페이지, 그리 고 페이지 열기 모드를 설정한 후 **[완료]** 버튼을 클릭하면 됩니다.

▶ 버튼 기능 편집 및 삭제하기

버튼을 완성한 후 기능이며 버튼 명칭 등을 변경할 때는 버튼으로 마우스 커서를 옮깁니다.
아래와 같이 [버튼 편집] 아이콘이 나타나며, 아이콘을 클릭하면 처음 버튼을 만들 때와 같
은 단계 추가 화면이 열립니다.

여기서 각 단계의 오른쪽 위에 있는 ••• 아이콘을 클릭하여 단계의 위치를 변경하거나
복제할 수 있으며, [삭제] 메뉴를 선택하여 버튼 내 해당 단계(기능)를 삭제할 수 있습니다.

▲ 버튼 편집하기

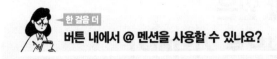

한 걸음 더
버튼 내에서 @ 멘션을 사용할 수 있나요?

버튼의 블록 삽입 기능에서 @ 멘션을 사용할 수 있습니다. 일반 페이지에서 사용하는 것처럼 고정된 날짜나 사용자를 태그할 수도 있으며, 복제(버튼을 실행하는)하는 시간이나 복제하는 사람(버튼을 클릭한 사람)을 태그할 수도 있습니다.

▲ 버튼 블록에서 @ 멘션 사용하기

중요한 할 일은
알림 설정으로 기억하기

여러 프로젝트를 진행하다 보면 아무리 체크리스트를 만들어 관리해도 놓치고 지나가는 수가 있습니다. 이런 상황을 대비하여 알림 기능을 잘 활용하면 좋습니다.

알림 설정 방법은 두 가지가 있습니다. 하나는 앞서 알아본 멘션 기능, 즉 @를 활용하여 알림 명령어를 입력하는 방법이고, 다른 하나는 날짜 속성을 활용한 방법입니다. 날짜 속성을 사용하는 방법은 데이터베이스 구조의 페이지에서만 활용할 수 있습니다.

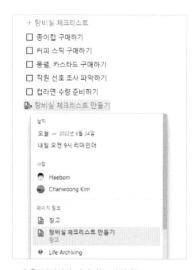

▲ @을 입력하면 나타나는 팝업 창

멘션을 이용해 알림을 설정하려면 명령어를 알아놓는 것이 좋습니다. 예를 들어 @오늘 또는 @2022년 9월 1일 15:00을 입력하고 Enter 를 누르면 해당 시간에 자동으로 알림을 받을 수 있습니다. 해당 페이지의 소유자는 물론 공유되어 있는 모든 사용자에게 정해진 날짜에 알림이 갑니다. 또한 설정한 알림 링크를 클릭하면 날짜를 수정하거나 알림 시간 등 상세 정보를 수정할 수 있습니다.

> **깨알 tip** 특정 시간 없이 날짜만 알림 설정하면 당일 오전 9시로 알림이 설정됩니다.

▲ 멘션으로 설정한 알림과 상세 설정 팝업 창

날짜 속성을 활용한 알림

데이터베이스 관련 블록(표, 보드, 캘린더)에서 작업하는 경우 속성 유형을 **[날짜]**로 설정하고 날짜를 입력한 후 상세 정보 팝업 창에서 **[리마인더]** 옵션을 지정합니다. 이는 앞서 다뤘던 내용이므로 간단히 화면을 보고 넘어가겠습니다.

▲ 표에서 표 보기의 날짜 속성에 알림 설정하기

▲ 데이터베이스 개별 페이지에서 날짜 속성에 알림 설정하기

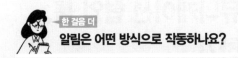

알림은 어떤 방식으로 작동하나요?

알림은 설정한 시간 10초 내외로 사이드바의 [업데이트]에 빨간색 아이콘으로 표시됩니다. 컴퓨터에서 작업 중이며 Notion을 실행 중이라면 Windows 푸시 알림으로 표시됩니다. 해당 알림을 클릭하고 5분 안에 사이드바에서 [업데이트]를 클릭해서 알림을 확인하면 해당 알림은 읽음으로 표시되고 더 이상 알림이 오지 않습니다.

> **Reminder in 전체회의**
> 날짜 (Aug 5, 2020 11:39 PM)

▲ Notion 푸시 알림

단, 5분 내에 확인하지 않으면 스마트폰 푸시 알림이나 이메일을 통해 2차 알림이 갑니다.

> **Notion Korea에 1건의 업데이트가 있습니다**
>
> ⓘ 전자 메일이 너무 많이 수신되나요? 구독 취소
>
> ⓘ 보낸 사람이 수신 허용 · 보낸 사람 목록에 없으므로 이 메시지 일부 내용이 차단되었습니다.
> notify@mail.notion.so 님의 콘텐츠를 신뢰합니다. | 차단된 콘텐츠 표시
>
> Ⓝ Notion <notify@mail.notion.so>   👍 ↩ ↩ → ⋯
> 수 2020-08-05 오후 8:33
> 받는 사람: 공태웅
>
> Ⓢ **sijin Jeon**님이 **캡쳐 화면** 페이지를 편집했습니다.
> 2020년 8월 5일 수요일 오후 7:32
>
> ☐ 크레딧 적립
>
> ☐
> Notion.so 작업, 위키, 데이터베이스
> 사용에 필요한 모든 기능을 갖춘 워크스페이스
>
> 구독 취소
>
> 알림이 너무 많은가요? 개선 방법이 있다면 의견을 알려주세요.

▲ 이메일 알림

Notion 06
대표적인 커뮤니케이션 협업 툴, 슬랙과 연동하기

전 세계 많은 기업과 팀에서는 슬랙(Slack)을 활용하고 있습니다. 슬랙은 클라우드 기반의 팀 협업 툴로, 조직의 커뮤니케이션과 아카이빙에 뛰어난 도구입니다. Notion은 슬랙에서 공개한 API를 활용해 기능을 연동할 수 있으며, 이는 페이지별로 적용됩니다.

01 페이지 오른쪽 상단의 [⋯]를 클릭하고 [+ 연결 추가]를 클릭하고 [Slack]을 활성화합니다.

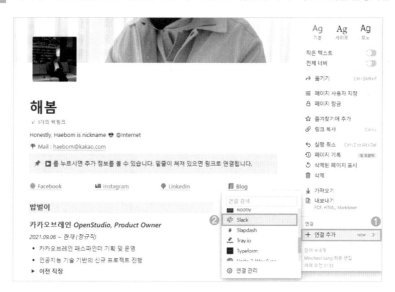

02 이후 연동할 워크스페이스 URL을 입력한 후 [계속]을 클릭합니다.

03 계속해서 슬랙 계정에 로그인한 뒤 업로드할 채널을 선택합니다.

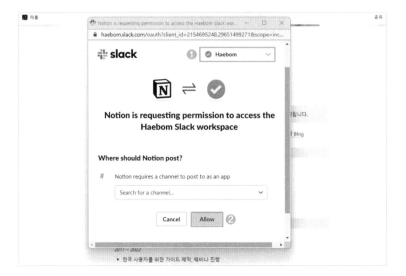

04 채널 선택을 마치면 연결한 Notion 페이지의 업데이트 내용이 선택한 슬랙 채널에 실시간으로 업로드됩니다.

▶▶ **깨알 tip** 슬랙으로 공유되는 부분은 페이지의 변경 사항이며, 이는 앞서 이야기한 대로 페이지별로 적용됩니다. 그러므로 페이지별로 연동 설정해야 합니다.

새로운 프로젝트를 위한
새 워크스페이스 활용하기

Notion은 처음 계정을 생성할 때 만든 워크스페이스 외에도 새로운 워크스페이스를 생성하여 활용할 수 있습니다. 새로운 팀과 전혀 다른 프로젝트를 진행해야 한다면 워크스페이스를 분리하는 것이 효과적입니다. 또한 새로 추가된 워크스페이스는 워크스페이스의 순서대로 Ctrl + 1, 2, 3, 4…순으로 빠르게 전환할 수 있습니다.

▶ 필요에 따라 자유롭게 워크스페이스 추가/삭제하기

새로운 워크스페이스 생성하기

사이드바 최상단에 현재 워크스페이스 이름을 클릭하면 워크스페이스 전환 메뉴가 나타나 사용 중인 워크스페이스들을 모두 확인할 수 있습니다. 여기서 더 보기(…) 아이콘을 클릭하고 [워크스페이스 생성 또는 참여] 버튼을 클릭하여 다른 워크스페이스에 진입하거나 새 워크스페이스를 생성할 수 있습니다.

워크스페이스 삭제하기

여러 워크스페이스를 사용하던 중 필요 없는 워크스페이스가 생겼다면 삭제할 수 있습니다. 단 워크스페이스에 축적된 자료들도 모두 삭제되므로 신중해야 합니다. 중요한 데이터는 다른 워크스페이스로 백업해두는 방법도 있습니다. 워크스페이스를 삭제하려면 아래 방법을 따라해보세요.

01 삭제할 워크스페이스로 이동한 다음 [설정과 멤버] – [설정]으로 이동한 다음 스크롤을 내려 위험 구역 항목에서 [워크스페이스 삭제] 버튼을 클릭합니다.

02 경고 창의 내용을 읽은 뒤 삭제를 위해 워크스페이스의 이름을 입력하고 [워크스페이스 영구 삭제] 버튼을 클릭하면 워크스페이스가 삭제됩니다.

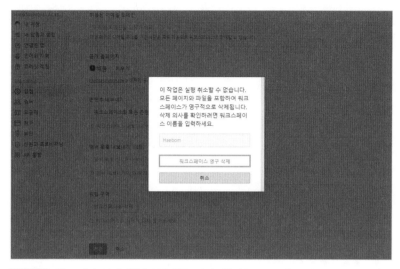

> **깨알 tip** 워크스페이스를 삭제한 후 부득이 복구가 필요한 경우 Notion 팀(team@makenotion.com)에 문의해보
> 세요. 삭제한 지 오래되었다면 복구가 불가능할 수 있습니다.

▶ 아이콘으로 워크스페이스 구분하기

워크스페이스를 여러 개 관리 중일 때 각 페이지를 아이콘으로 구분한 것처럼 워크스페이스를 아이콘이나 이미지로 구분할 수 있습니다.

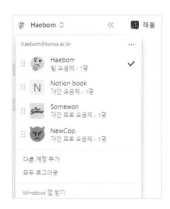

워크스페이스를 대표하는 아이콘을 설정하려면 사이드바에서 **[설정과 멤버]**를 클릭한 후 **[설정]**으로 이동합니다. 다음과 같이 아이콘 항목에 있는 아이콘을 클릭하면 페이지 아이콘을 추가할 때와 같이 팝업 창이 나타나며, 기존에 제공되는 아이콘을 선택하거나 사용자가 원하는 이미지를 업로드할 수 있습니다.

깨알 tip 각 워크스페이스는 별도의 요금제를 사용합니다. 즉, A라는 워크스페이스를 유료로 사용 중이라고 해서, 새로 만든 B라는 워크스페이스까지 유료 요금제가 적용되는 것은 아닙니다.

Notion 08 인터넷에 있는 각종 정보를 스크랩하는 웹 클리핑

Notion의 웹 클리핑 기능은 인터넷에 있는 각종 자료를 스크랩하는 기능입니다. 일반적으로 웹사이트를 돌아다니다 중요하다고 생각되거나 언젠가 다시 읽으면 좋을 자료가 보이면 웹 브라우저의 즐겨찾기로 등록하곤 합니다. 모든 이렇게 웹사이트 주소를 즐겨찾기로 저장하다 보면 이후 필요한 정보를 빠르게 찾아 확인하는 데는 한계가 있습니다.

Notion의 웹 클리핑 기능은 웹 페이지를 Notion에 직접 저장할 수 있으며, 데이터베이스 기능을 활용해 편하게 관리할 수도 있습니다. 이 말은 이제 여러분이 클리핑한 사이트를 재방문하기 위해 지난 기록을 찾는 수고를 들이지 않아도 된다는 뜻이기도 합니다.

▶ 웹 클리핑 사용을 위한 웹 클리퍼 설치

웹 클리핑 기능을 사용하려면 먼저 Notion 웹 클리퍼를 설치해야 합니다. Notion 웹 클리퍼는 크롬(Chrome) 또는 파이어폭스(Firefox), 사파리(Safari)에서만 작동되므로 해당 웹 브라우저를 먼저 설치한 후 아래 과정을 진행해야 합니다.

01 여기서는 크롬을 기준으로 실습해보겠습니다. Notion 공식 홈페이지에서 웹 클리퍼 페이지(www.notion.so/ko-kr/web-clipper)에 접속합니다. 설치 버튼을 클릭합니다.

02 스토어 검색 창에서 'Notion'으로 검색하면 다음과 같은 확장 프로그램 목록이 나타납니다. 여기서 Notion Web Clipper를 찾아 [Chrome에 추가] 버튼을 클릭하고 설치를 진행합니다.

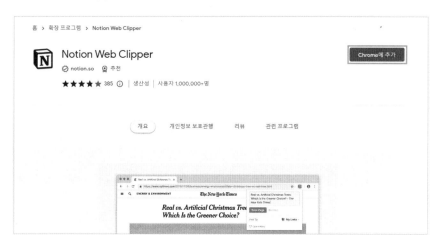

03 Notion 웹 클리퍼가 설치되면 크롬의 URL 입력란 오른쪽에 Notion 아이콘이 표시됩니다. 아이콘을 클릭해서 Notion에 로그인합니다(이미 해당 브라우저에서 Notion에 로그인되어 있다면 생략합니다).

깨알 tip 확장 프로그램에 사이트 액세스 권한이 필요하다면 크롬 설정 메뉴에서 [도구 더보기] – [확장 프로그램]을 선택하고 Notion 웹 클리퍼의 세부 정보에서 [파일 URL에 대한 액세스 허용]을 활성화하세요.

이제 Notion 웹 클리핑 준비가 끝났습니다. 이어지는 실습을 통해 웹사이트에 있는 무궁무진한 자료를 모두 모아보세요.

▶ 기본 페이지에 웹 클리핑하기

업무에 관련된 기사를 모은다고 가정하고 Notion 웹 클리핑 기능을 사용해보겠습니다.

01 인터넷을 검색하여 필요한 기사가 있는 웹사이트로 이동합니다. 웹 브라우저 상단의 Notion 아이콘을 클릭합니다.

02 사용자 편의에 맞게 클리핑 옵션을 설정할 수 있는 팝업이 나타납니다. 팝업 상단에는 해당 자료를 저장할 페이지 이름을 지정할 수 있고, [Add to]에서는 저장할 방법 및 상위 페이지를 선택할 수 있습니다. 사용 중인 워크스페이스가 여러 개라면 [Workspace]에서 선택할 수 있습니다.

03 이번 실습에서는 페이지의 하위 페이지 형태로 기사를 클리핑할 것입니다. [Add to]를 클릭해서 클리핑한 자료를 저장할 페이지를 선택합니다. [Save Page] 버튼을 클릭하거나 Ctrl + Enter를 누릅니다.

▶ 스마트폰에서 웹 클리핑 사용하기

스마트폰에서 웹 클리핑 기능을 사용하려면 아래와 같이 최소한의 사양을 갖추고 있어야
하며 스마트폰용 Notion 애플리케이션이 설치되어 있어야 합니다.

- iOS 기기의 경우 OS를 11.0 이상으로 업그레이드해야 합니다.
- Android 기기의 경우 OS를 5.0 이상으로 업그레이드해야 합니다.

아이폰, 아이패드 등 iOS에서 사용하기

01 기기에서 Safari를 실행하여 클리핑할 웹사이트로 이동합니다. 아래쪽 메뉴에서 [공유] 아이콘
을 터치하여 애플리케이션 목록이 나타나면 [Notion]을 찾아 공유 기능을 활성화합니다.

02 이후로는 [공유] 아이콘에서 Notion으로 쉽게 웹 클리핑을 할 수 있습니다.

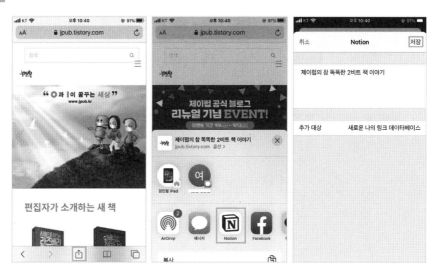

Android 스마트폰에서 사용하기

01 스마트폰 웹 브라우저를 실행하여 클리핑할 웹사이트로 이동한 후 공유 기능을 실행합니다.

02 가능한 애플리케이션 목록이 나타나면 [Notion]을 찾아 터치합니다.

03 데스크톱에서와 같이 웹 클리핑을 진행합니다.

깨알 tip ▶ 사용하는 스마트폰 웹 브라우저에 따라 해당 기능을 지원하지 않을 수도 있습니다.

Notion 09 실수를 되돌리는 히스토리 & 페이지 복구하기

열심히 작성한 페이지가 어딘지 바뀐 것 같아 확인하거나 혹은 수정한 내용을 이전으로 되돌리고 싶을 때가 있습니다. 물론 최근 변경된 내용은 사이드바의 **[업데이트]**를 클릭해서 확인할 수 있습니다. 하지만 오래 전 수정 사항은 파악하기 어렵습니다. Notion은 이러한 상황에 대비할 수 있도록 중요한 수정이 있을 때마다 주기적으로 히스토리를 저장하고 있으며, 사용자는 저장한 시점으로 되돌릴 수 있습니다.

▶ 특정 시점으로 되돌리기

특정 시점으로 되돌리고 싶은 페이지가 있나요? 다음과 같은 방법을 통해 페이지를 되돌릴 수 있습니다. 단, 개인 요금제에서는 이 기능을 사용할 수 없습니다.

01 페이지 오른쪽 상단의 시계 모양의 아이콘을 선택합니다. 원하는 시점의 오른쪽 시계 모양 아이콘을 클릭합니다.

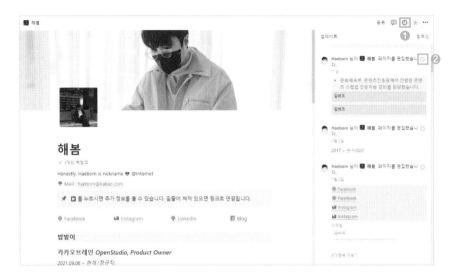

02 [페이지 기록]에서 저장된 히스토리 목록이 표시됩니다. 왼쪽에서 원하는 시점을 선택하여 내용을 확인한 후 [버전 복원] 버튼을 클릭하면 되돌릴 수 있습니다.

🔍 **깨알 tip** 개인 프로 요금제나 팀 요금제를 사용 중이라면 과거 30일까지만 되돌릴 수 있습니다. 그 이상 오래전 시점으로 되돌리고 싶다면 기업 요금제를 사용해야 합니다.

▶ 삭제한 페이지 다시 복구하기

삭제된 페이지를 복구하려면 왼쪽 사이드바에서 **[휴지통]**을 클릭합니다. 다음과 같이 삭제한 페이지 목록이 모두 표시됩니다. 여기서 복구할 페이지의 **[복원]** 아이콘을 클릭하면 복원할 수 있습니다. 여기서 휴지통 모양의 아이콘을 클릭하면 이제는 복구할 수 없이 영구 삭제됩니다. 목록에서 찾고자 하는 페이지가 보이지 않는다면 검색 창을 활용해보세요.

스마트폰 애플리케이션의 경우 왼쪽 상단의 메뉴 아이콘을 터치해서 사이드바를 열고 **[휴지통]**을 터치하면 됩니다.

Notion
Notion의 모든 변경 사항을
빠르게 확인하는 알림 설정하기

10

Notion에서는 새로운 워크스페이스에 초대받았거나, 공유한 사용자가 페이지를 변경했을 때와 같이 Notion 내에서 발생하는 거의 모든 변화를 알림으로 알려줍니다. 알림은 사이드바에서 **[설정과 멤버]**를 클릭한 후 팝업 창의 사이드바에서 **[내 알림]**을 클릭해서 설정할 수 있습니다.

모바일 푸시 알림과 이메일 알림을 끄고 켜는 옵션이 있습니다.

알림 관련 자주 묻는 질문

- **알림이 표시되지 않습니다_** 알림을 설정한 페이지가 현재 열려 있는 것은 아닌지 확인합니다. 해당 페이지를 실시간으로 확인하고 있는 경우 [업데이트]에는 해당 페이지와 관련된 알림이 아무것도 표시되지 않습니다.

- **이메일 알림이 작동하지 않습니다_** 이메일 알림과 모바일 알림 모두 활성화되어 있다면 이메일 알림은 작동하지 않습니다.

깨알 tip [업데이트]에서 빨간색 아이콘으로 표시되는 새로운 업데이트 내용을 확인하지 않으면 5분 후에 이메일 알림을 받습니다 (모바일 푸시 알림이 꺼진 경우). 데스크톱 Notion 프로그램을 사용하지 않고 있다면 10초 후에 이메일 알림을 받게 됩니다.

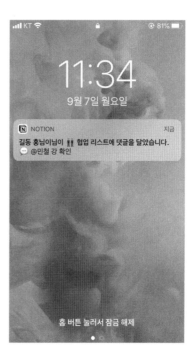

Notion
11 자료를 보관하거나 다른 도구에서 활용하기

Notion에 정리한 데이터를 추출해야 할 때가 있습니다. 예를 들어 혹시 모를 일에 대비하기 위한 백업이나 Notion을 사용하지 않는 사용자를 위해 다른 도구에서 활용할 수 있도록 PDF 등의 자료로 배포해야 하는 상황 말이죠. 이번에는 Notion의 내보내기 기능에 대해 알아봅시다.

▶ 특정 페이지 내보내기

Notion 페이지는 표, 보드, 캘린더 보기 형태를 제외한 모든 페이지를 PDF 또는 마크다운 형태로 내보낼 수 있습니다. 내보낼 페이지의 오른쪽 상단에 있는 더 보기(…) 아이콘을 클릭하고 [내보내기]를 선택한 후 팝업 창이 열리면 원하는 파일 형태를 선택합니다.

페이지는 마크다운, CSV, HTML, PDF 형식으로 추출할 수 있습니다. 해당 페이지에 하위 페이지가 있다면 **[하위 페이지 포함]** 옵션을 활성화하여 하위 페이지까지 함께 추출하면 됩니다.

깨알 tip [내보내기] 메뉴가 보이지 않는다면 사이드바에서 [설정과 멤버]를 클릭한 후 [보안]에서 보안 항목의 [내보내기 비활성화] 옵션이 활성화되어 있는지 확인해보세요. 자료 유출을 방지할 수 있는 옵션입니다. 단 이 기능은 기업 요금제에서만 사용할 수 있습니다.

▶ 현재 워크스페이스 전체 내보내기

현재 워크스페이스 전체를 내보내야 할 일이 있다면 사이드바에서 **[설정과 멤버]**를 클릭한 후 **[설정]** 메뉴의 **[워크스페이스의 모든 콘텐츠 내보내기]**를 클릭하세요. Notion에서 현재 워크스페이스의 자료를 모두 수집해 압축하여 가입한 메일로 전송해줍니다.

[워크스페이스의 모든 콘텐츠 내보내기]를 클릭하면 사용자의 기호에 따라 파일 형식을 선택할 수 있습니다. 기본적으로 데이터베이스는 CSV 형식으로, 나머지 페이지는 마크다운 형식으로 확인할 수 있으며, 내보내기 형식에서 [Markdown & CSV] 혹은 [HTML], [PDF] 중에서 선택하여 추출할 수 있습니다. 다만 PDF 형식을 사용하려면 기업 요금제를 사용해야 합니다.

파일 형식을 지정한 후 [내보내기] 버튼을 클릭하면 다음과 같이 수집한 자료를 이메일로도 보낸다는 안내 메시지가 표시되고, 이어서 현재 컴퓨터에 저장할 경로를 지정하는 창이 나타납니다.

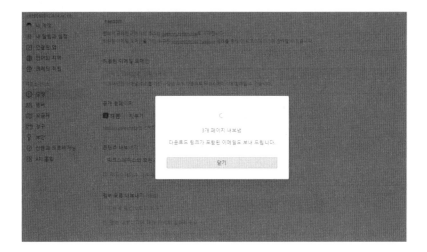

Notion의 안전한 사용을 위한 보안 설정

Notion은 Notion 안에서 작성되는 콘텐츠에 관련된 몇 가지 보안 설정을 가지고 있습니다. 보통 협업을 하는 조직에서 유용한 기능입니다. 보안에 대한 옵션 설정은 사이드바에서 **[설정과 멤버]**를 클릭한 뒤 **[보안]**을 클릭하면 설정할 수 있습니다. 요금제의 종류에 따라 사용할 수 있는 옵션의 종류는 차이가 있습니다.

- **공개 페이지 공유 비활성화:** 멤버가 Notion 페이지를 웹에서 공유 설정(불특정 다수 전체 공유)으로 공유하지 못하게 합니다. 기본적으로 업무의 내용이 외부에 공유되길 원하지 않는다면 켜놓는 것이 좋습니다. 또한 흩어져 있는 여러 페이지의 웹에서 공유 설정을 일괄 해제할 때 이 옵션을 활성화하면 됩니다.

- **워크스페이스 섹션 편집 제한:** 관리자 이외에는 최상위 페이지를 생성하는 등 편집할 수 없습니다.

- **다른 워크스페이스로 페이지 복제 비활성화:** 다른 워크스페이스로 페이지 이동 금지. 이 옵션이 활성화되면 [옮기기] 메뉴를 선택했을 때 나타나는 팝업 창 하단에 다음과 같이 워크스페이스 선택 옵션이 사라집니다.

- **내보내기 비활성화:** 내보내기 금지. 페이지 등을 마크다운 문서, CSV, PDF 등으로 내보낼 수 없습니다. 이 옵션을 활성화하면 모든 페이지 메뉴에서 [내보내기]가 사라집니다.

- **멤버와 게스트 초대 중:** 페이지에서 멤버의 게스트 초대 가능 여부를 상세하게 설정할 수 있습니다.

추가로 사이드바에서 [설정과 멤버]를 클릭한 후 [신원과 프로비저닝]을 클릭하면 SSO, SCIM과 같은 이중 보안 옵션을 활용할 수 있으며, 이 역시 기업 요금제에서 사용할 수 있습니다.

끝으로 보안 관련 옵션을 변경한 후 해당 화면을 벗어나려고 하면 다음과 같이 팝업 창이 나타나며 여기서 [예] 버튼을 클릭해야 변경 사항이 반영됩니다.

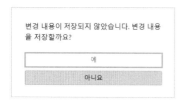

Notion 사용을 윤택하게 해줄 꿀팁 모음

앞서 우리는 Notion에 대한 기본 기능과 그 기능들을 다채롭게 쓰는 방법을 배웠습니다. 이번에는 Notion을 좀 더 편리하고 경제적으로 사용하는 법에 대해 이야기해보겠습니다.

▶ 여러 창에서 Notion 사용하기

하나의 창에서 Notion을 쓰다 보면 다소 답답할 수 있습니다. 이를 해결하기 위해 데스크톱 애플리케이션과 웹사이트를 동시에 사용하는 사람들도 있는데, Notion은 기본적으로 여러 창을 띄워 사용하는 기능을 제공하고 있습니다. 눈썰미가 좋은 사람이라면 이미 앞서 살펴본 단축키에서 관련 기능을 찾았을 것입니다. 혹은 메뉴를 이용할 수도 있습니다. 다음과 같이 세 가지 방법 중 편한 방법을 사용하면 됩니다.

- 단축키 Ctrl + Shift + N

- Notion 상단 메뉴에서 [파일 – 새 창] 선택

- Ctrl + 원하는 페이지 클릭

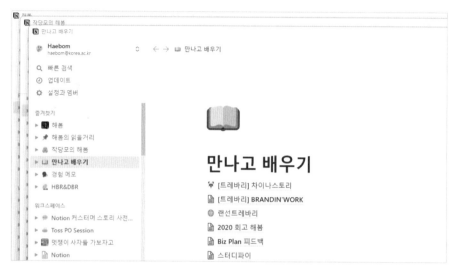

▲ 여러 창으로 띄운 Notion

▶ 사용 중인 Notion 이메일 계정 변경하기

주로 이용하던 포털이 사라지는 등 현재 Notion에서 사용 중인 로그인용 이메일 주소를 바꿔야 하는 일이 생길 수 있습니다. Notion은 Notion만의 별도 계정을 사용하는 것이 아니라 로그인하는 이메일 계정 정보를 그대로 사용하기에 언제든 연동된 이메일 주소를 변경할 수 있습니다.

이메일 주소 변경은 사이드바에서 [설정과 멤버]를 클릭한 후 [내 계정]을 클릭하면 나타나는 사용자 정보 화면에서 이메일 항목에 표시되는 [이메일 변경]을 클릭합니다.

[**이메일 변경**]을 클릭하면 이메일 변경 창이 나타납니다. 여기에 새롭게 사용할 이메일 주소를 입력하고 [**인증 코드 전송**] 버튼을 클릭하여 입력한 이메일이 유효한 이메일인지 인증하는 절차를 거치면 이메일 계정 변경이 완료됩니다.

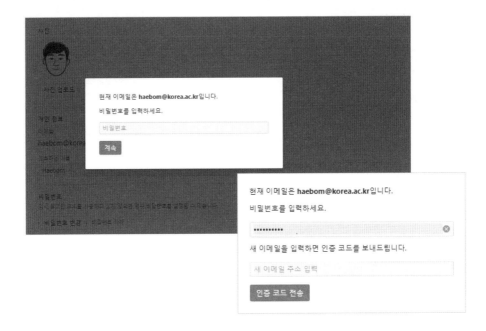

▶ 느려진 Notion 되살리기

Notion을 오래 사용하다 보면 부쩍 느려지거나 움직임이 멈추는 경우가 있습니다. 이런 현상은 Notion에 너무 많은 캐시 데이터(접근을 더욱 빠르게 하기 위해 데이터나 값을 미리 복사해놓는 임시 데이터)가 쌓여서 발생합니다. 다음과 같은 방법으로 캐시 데이터를 삭제해 쾌적하게 Notion을 사용할 수 있습니다.

웹에서 Notion을 사용할 때

대부분의 웹 브라우저는 [설정] – [개인정보 및 보안] – [인터넷 사용 기록 삭제] 경로에서 캐시 데이터를 삭제할 수 있습니다. 다음 예시는 크롬 브라우저에서 캐시 데이터를 삭제하는 화면입니다.

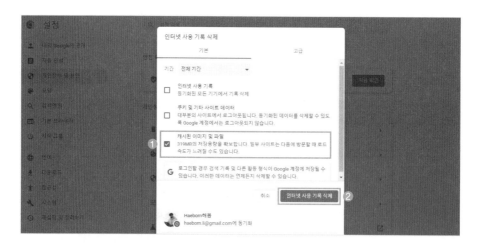

데스크톱에서 Notion을 사용할 때

데스크톱은 운영체제에 따라 캐시 삭제 방법에 차이가 있습니다. macOS를 사용한다면 Notion 메뉴에서 [Notion] – [앱을 재설정하고 로컬 데이터 지우기]를 선택하면 됩니다. 하지만 Windows는 다소 까다롭습니다.

* C:₩Users₩사용자 아이디₩AppData₩Roaming

위 경로에 접속해 Notion 폴더를 지워주면 됩니다. 단, 해당 Notion 폴더를 지우면 캐시 데이터가 삭제되므로 오프라인 Notion 사용에 지장이 있을 수 있습니다.

또한 [설정과 멤버]의 [내 설정] 메뉴의 쿠키 설정을 통해 Notion의 성능을 향상시킬 수 있습니다.

MEMO

Chapter 06

협업 툴로
Notion 활용하기

Notion은 개인 노트 도구로도 훌륭하지만 협업 툴로 사용할 때 그 진가를 발휘합니다.

그만큼 공유 기능은 Notion의 가장 강력한 기능 중 하나입니다.

팀원 간 원활한 협업을 할 수 있게 해주는 도구인 것이지요.

Notion에서 작성한 페이지를 공유하는 방법은 크게 두 가지로 멤버 추가와 공유가 있습니다.

외부 사용자와 협업을 위해
페이지 공유하기

같은 회사 팀원은 아니지만 특정 페이지를 함께 공유하거나 편집해야 하는 경우 혹은 단기적으로 활동하는 팀에서 Notion으로 협업하는 경우 페이지를 공유할 수 있습니다. 상황에 따라 모든 권한을 다 포함해서 공유하거나 읽기 권한만 준 상태로 공유할 수도 있습니다.

▶ 특정 Notion 사용자와 공유 기능으로 페이지 협업하기

Notion에서 편집 권한을 가지려면 초대받는 사용자도 Notion을 사용하고 있어야 합니다. 상대방도 Notion을 사용 중이라면 다음과 같은 방법으로 편집 권한을 줄 수 있습니다.

01 공유하고자 하는 페이지 오른쪽 상단의 [공유]를 클릭한 후 [초대] 버튼을 클릭합니다.

02 초대창이 열리면 상단 입력란에 공유할 사용자의 Notion 아이디(이메일 주소)를 입력하고 해당 이메일 주소를 선택합니다.

03 권한 설정을 위해 [전체 허용]을 클릭합니다. 목록 중 [전체 허용] 또는 [편집 허용]을 선택하면 편집 권한을 부여하게 됩니다. 마지막으로 [초대] 버튼을 클릭합니다.

▷▷▷ **깨알 tip** [전체 허용]와 [편집 허용]의 차이는 해당 페이지로 또 다른 사용자를 초대할 수 있는 권한의 유무입니다.

04 공유 기능으로 다른 Notion 사용자를 초대하면 다시 [공유] 버튼을 클릭했을 때 다음과 같이 초대된 사용자 목록이 표시되며, 왼쪽 사이드바에 공유된 페이지 섹션에 해당 페이지가 표시됩니다.

▷▷▷ **깨알 tip** 공유받은 사용자에게는 알림이 표시되며, Notion 사이드바에서 워크스페이스 명칭을 클릭해 공유받은 워크스페이스가 추가된 것을 확인할 수 있습니다.

공유 권한 설정하기

Notion의 모든 페이지는 4가지 단계의 권한으로 접근을 설정할 수 있으며, 상위 페이지를
설정하면 하위 페이지도 해당 권한으로 설정됩니다. 만일 상위 페이지와 하위 페이지의 권
한을 다르게 설정하고 싶다면 각 페이지별로 설정을 수정하면 됩니다. 이러한 공유 권한은
처음 사용자를 초대할 때 설정할 수 있으며, 초대한 이후라도 언제든 [공유] 버튼을 클릭하여
초대된 사용자 목록에서 권한을 수정할 수 있습니다.

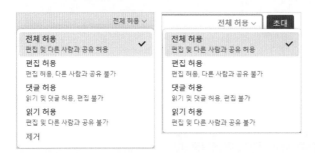

- **전체 허용:** 모든 접근을 허락합니다. 함께 하는 사용자가 읽는 것은 물론 댓글, 직접 수정 및
  추가로 다른 사용자를 공유할 수 있습니다. 기본적으로 관리자에게 부여되는 권한입니다.

- **편집 허용:** 읽기, 직접 수정하기, 댓글 달기가 가능합니다.

- **댓글 허용:** 읽기, 댓글 달기가 가능합니다.

- **읽기 허용:** 읽기만 가능합니다.

- **제거:** 초대한 사용자 목록에서 권한을 수정할 수 있으며, 이때 [제거]를 선택하면 공유 권한
  을 취소합니다.

▶ 불특정 다수를 대상으로 편집 불가능하게 공유하기

수정되면 곤란한 문서 혹은 불특정 다수에게 공개할 문서가 있을 때 해당 페이지의 공유
링크를 생성해서 배포하는 방법입니다. 최근 여러 스타트업에서 이 기능을 활용하여 채용

공지를 작성하기도 했습니다. 해당 페이지 링크를 공유받은 사용자들은 Notion 계정의 유무와 상관없이 해당 페이지를 웹사이트처럼 볼 수 있으므로, Google 설문지 등을 삽입한 페이지를 만들어 활용하면 효과적입니다.

공유할 페이지 오른쪽 상단의 [공유] 버튼을 클릭한 후 [게시] 탭에서 [웹에 게시] 버튼을 클릭합니다. 웹에 게시한 후에는 다음과 같은 상세 공유 옵션을 설정하고, [웹 링크 복사] 버튼을 클릭하여 복사한 후 배포합니다.

해당 페이지를 불특정 다수에게 공개하기 위해 웹에서 공유 옵션을 활성화하면 다음과 같이 템플릿 복제 허용과 검색 엔진 인덱싱 옵션도 함께 보입니다.

- **링크 만료:** 해당 링크의 공유가 중단되는 만료일로 한 시간, 하루, 일주일 혹은 특정 날짜를 지정합니다.
- **템플릿 복제 허용:** 해당 페이지를 다른 사용자가 쉽게 복제할 수 있도록 Notion 페이지 상단에 [복제] 버튼 노출 여부를 결정합니다.
- **검색 엔진 인덱싱:** 해당 페이지가 구글과 같은 검색엔진에서 노출될지 여부를 결정합니다.

> **깨알 tip** 공유되는 URL은 기본적으로 난수화되어 표시됩니다. 다만 도메인을 설정했을 경우 개인의 도메인이 표시되어 출처 등을 알릴 수 있습니다.

▲ 난수로 표시되는 공유 URL

Notion 02 같은 작업 공간에서 협업할 팀원 초대하기

팀으로 Notion을 시작하는 법은 간단합니다. Notion의 관리자가 팀원들을 초대함으로써 팀으로 Notion을 사용할 수 있게 됩니다. 지금 이 책을 읽고 있는 당신이 워크스페이스의 관리자라면 이메일 초대 또는 허용된 이메일 도메인을 설정하여 직접 동료를 한 명씩 초대하지 않아도 됩니다.

다른 사람에게 워크스페이스에 대한 권한을 부여하면, 초대된 사람은 해당 워크스페이스 내 모든 페이지에 즉시 접근할 수 있습니다. 팀원을 초대하는 구체적인 방법은 다음과 같습니다.

개별적으로 협업할 팀원 초대하기

01 현재 워크스페이스에 멤버를 초대하기 위해 사이드바에서 [설정과 멤버]를 클릭합니다. [멤버 추가] 버튼을 클릭합니다.

02 초대할 사용자의 이메일 주소를 입력하고 선택한 후 [초대] 버튼을 클릭합니다.

깨알 tip 팀원으로 초대할 사용자는 Notion 계정이 이미 생성되어 있어야 하며, Notion 계정으로 사용한 이메일 주소를 입력해서 초대합니다.

03 초대받은 사용자는 새로운 워크스페이스에 합류하게 됩니다. 합류한 워크스페이스는 사이드바 상단에 있는 현재 워크스페이스 명칭을 클릭해 확인 및 이동할 수 있습니다.

깨알 tip 무료가 아닌 개인 프로 요금제로 Notion을 사용하는 팀원을 초대하면 자동으로 팀 요금제로 설정되고, 팀원에 따라 요금이 결제될 수 있습니다.

▶ 같은 이메일 도메인을 사용하는 팀원 자동으로 추가하기

구글의 G Suite 등을 이용해서 같은 도메인의 이메일을 사용 중이라면 한 명씩 초대할 필요 없이 URL만 알려주고 자동으로 프로젝트용 팀스페이스에 참여시킬 수 있습니다.

자동으로 팀원을 초대하기 위해서 도메인의 경우 사이드바의 **[설정과 멤버]**를 클릭한 후 **[설정]**을 클릭합니다. 여기에서 도메인을 설정해야 하는 데 두 가지 항목이 있습니다. 먼저 도메인 항목에서 공유해서 사용할 워크스페이스의 도메인을 설정합니다. 이어서 허용된 이메일 도메인 항목에서 어떤 이메일 계정 사용자를 자동으로 추가할지, 사용하는 이메일 계정의 도메인을 작성합니다.

이제 허용된 이메일 도메인에 설정한 이메일 도메인(그림에서는 jeipub.co.kr)을 사용하는 사람이라면 누구나 도메인 항목에 설정한 주소(www.notion.so/jpubnotion)의 팀스페이스에 공유 사용자로 접근할 수 있습니다. 그러므로 초대할 인원에게 해당 주소만 배포하면 됩니다.

협업 중 각 페이지 공유 및 공유 해제하기

위와 같은 방법으로 협업을 시작했다면 여러분의 왼쪽 사이드바에는 팀스페이스 섹션과 개인 페이지 섹션이 구분되어 있을 것입니다. 이제 개인 페이지 섹션에 있던 페이지를 드래그해서 팀스페이스 섹션에 놓기만 하면 그 페이지는 공유가 됩니다. 반대의 경우도 마찬가지입니다. 팀스페이스 섹션에 있는 페이지를 개인 페이지 섹션으로 드래그해서 옮기면 공유가 해제됩니다.

스마트폰에서도 이렇게 옮겨서 공유하거나 해제하는 건 마찬가지입니다. 마우스 클릭 대신 페이지 제목을 길게 터치한 다음 끌어다 원하는 위치에 놓으면 됩니다.

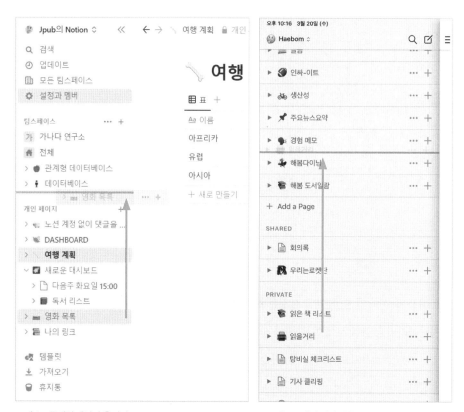

▲ 데스크톱에서 페이지 옮기기 　　　　　　　　　　▲ 스마트폰에서 페이지 옮기기

아직 팀원들에게 공개하기 힘든 초기 단계의 기획 문서라면 우리는 개인 페이지 섹션에 페이지를 만들고 작업을 하게 됩니다. 혹은 팀원에게 공개하기 민감한 자료도 마찬가지겠지요. 그러다가 어느 정도 완성된 상태가 되어 지금까지 작업한 결과가 담긴 페이지를 팀원에게 공유할 때가 올 것입니다. 그때마다 페이지를 자유롭게 섹션 간에 드래그해서 옮기면서 활용할 수 있습니다.

▷ 깨알 tip ▷ 섹션을 바꾸는 경우 기존에 설정된 모든 공유 설정이 초기화되니 유의하길 바랍니다.

Notion 03 팀원 중 특정 사용자에게만 공유하기

Notion에서는 팀을 더욱 효과적으로 관리하기 위해 그룹 기능을 제공합니다. 그룹 기능을 제대로 사용하려면 최소한 팀 요금제 이상을 사용하는 것이 좋습니다. 프로젝트를 진행 중이더라도 팀원 내 특정 사용자에게만 공유해야 할 내용이 있습니다. 이럴 때 유용한 기능이 바로 그룹입니다.

▶ 새로운 그룹 생성하기

기본적으로 그룹을 생성하려면 자신 이외의 다른 사용자가 공유 기능으로 페이지를 공유하는 것이 아니라 팀원으로 초대되어 있어야 합니다. 다음과 같은 과정으로 그룹을 생성합니다.

01 사이드바에서 [설정과 멤버]를 클릭한 후 [멤버]를 클릭하면 협업할 팀원을 초대했던 화면이 열립니다. 여기서 상단에 있는 [그룹] 탭을 선택합니다.

02 [그룹 생성] 버튼을 클릭하면 새로운 그룹을 생성할 수 있습니다. 필요한 만큼 클릭해서 그룹을 생성하고 그룹 이름을 변경합니다.

03 각 그룹에 있는 [+ 멤버 추가]를 클릭해서 그룹으로 초대할 팀원을 추가합니다. 이어서 그룹 이름 왼쪽에 있는 아이콘을 클릭하여 원하는 아이콘으로 그룹을 구분할 수 있습니다.

04 사용하다 필요 없어진 그룹은 해당 그룹 오른쪽에 있는 더 보기(…) 아이콘을 클릭해서 [삭제]를 선택해 삭제하거나 [이름 바꾸기]를 선택해서 수정할 수 있습니다.

▷ **깨알 tip** 더 보기 아이콘을 클릭한 후 [그룹 정보로 팀스페이스 생성]을 선택하면 그룹 이름과 같은 팀스페이스를 생성할 수 있습니다.

▶ 그룹별 공유 권한 설정하기

그룹을 생성했으면 이제 그룹별로 공유 권한을 설정할 수 있습니다. 새 페이지를 만든다고 가정했을 때 페이지 오른쪽 위에 있는 **[공유]**를 클릭한 후 **[이메일이나 사용자 추가]** 입력란을 클릭해보면 기존에 있던 멤버 목록 이외에 그룹 목록이 추가된 것을 확인할 수 있습니다.

그룹을 공유 사용자로 추가한 이후에는 그룹별 공유 여부 및 권한을 설정해줍니다. 이때 ['워크스페이스명'의 모든 사용자](위 화면에서는 J-Pub의 모든 사용자)는 반드시 비활성화되어 있어야 합니다. 그룹으로 구분한 사용자는 모두 팀원으로 등록되어 있으므로 ['워크스페이스명'의 모든 사용자]를 활성화하면 그룹별 공유 여부 및 설정한 권한과 상관없이 모두 ['워크스페이스명'의 모든 사용자]에서 설정한 권한으로 공유됩니다. 설정할 수 있는 권한은 페이지 공유와 동일합니다.

팀스페이스로
팀별 페이지 관리하기

2022년 8월 기존 팀용 워크스페이스에 기본으로 생성되어 있던 '워크스페이스' 섹션 명칭이 '팀스페이스' 섹션으로 변경되었습니다. Notion을 처음 시작하거나 새로운 워크스페이스를 만들 때 팀용으로 만들거나 이후 팀요금제를 사용할 때만 활성화되는 기능으로, 단지 이름만 변경된 것이 아니라 워크스페이스 안의 미니 워크스페이스와도 같은 공간으로 기능이 강화되었습니다. 이제 팀스페이스 섹션에서 팀별, 혹은 TF, 프로젝트 등을 관리할 수 있습니다.

취소

▲ 팀스페이스는 팀용(팀 요금제) 워크스페이스에서만 활성화됩니다.

팀스페이스에는 멤버 전체가 접근할 수 있는 **[전체]** 스페이스가 생성되어 있으며, 추가로 새로운 팀스페이스를 생성하여 지정한 멤버에게만 사용 권한을 부여할 수 있습니다.

▲ 팀스페이스 내 [전체] 스페이스를 접었을 때와 펼쳤을 때

▶ 팀스페이스 추가 및 관리자 지정

팀스페이스가 처음 설치되면 전체(General)이라는 이름으로 생성됩니다. 기존의 페이지와 다른 카테고리에 가까운 기능이기에 윈도우나 맥에서 폴더를 정리하듯 폴더 구조를 잡아보세요.

01 왼쪽 사이드바의 팀스페이스의 [+] 버튼에 마우스를 올리면 '새 팀스페이스'라는 안내 팝업이 뜨는 것을 알 수 있습니다.

01 해당 [+] 버튼을 누르면 아래와 같이 '새 팀스페이스 만들기'를 통해 팀스페이스를 만들 수 있습니다. 각각의 항목은 다음과 같습니다.

- **아이콘 선택:** 팀에 맞는 이모지, 아이콘, 128*128px 해상도의 이미지를 넣을 수 있습니다.
- **팀스페이스 이름:** 해당 팀스페이스의 이름을 정할 수 있습니다(언제든 수정이 가능합니다).
- **설명:** 해당 팀스페이스에 대해 설명하는 텍스트를 적는 곳입니다. 추후 해당 팀스페이스에 초대 받거나 방문하는 이들에게 보여집니다.

- **사용 권한:** 생성하는 팀스페이스의 사용 범위를 결정할 수 있습니다. 기본적으로 [공개]로 되어 있으며 [참가 제한], [비공개]로 구별됩니다.

▶ 팀스페이스 설정 변경하기

팀스페이스를 생성할 때, 혹은 생성한 후 더 보기(⋯) 메뉴를 통해 공개 범위를 설정할 수 있습니다. 해당 설정은 **[공개]**, **[참가 제한]**, **[비공개]**로 구분되며 앞서 언급했던 기본값은 **[공개]**입니다. 여기서 공개는 워크스페이스 내에 있는 이들에게 공개한다는 의미로 외부 링크 공유 및 페이지 공개와는 다른 의미이니 외부 유출을 걱정하지 않아도 됩니다.

[참가 제한]의 경우 해당 팀스페이스는 우리 워크스페이스의 팀스페이스 리스트에는 보이지만 권한이 부여된 사람만 접근할 수 있습니다. 즉, 페이지에 접근 권한이 지정되면 아예 보이지 않거나 'No Access'라고 나타나지만, 참가 제한 팀스페이스의 경우 페이지를 보는 것은 가능하지만 참가할 수는 없는 공간이라고 보면 됩니다.

[비공개] 옵션의 경우, 기업(Enterprise) 요금제일 경우에 사용할 수 있으며 초대받은 멤버만 보이고 참여할 수 있습니다.

팀스페이스를 변경하려면 왼쪽 사이드바에서 해당 팀스페이스 이름 오른쪽의 더 보기(…) 아이콘을 클릭합니다.

- **팀스페이스 설정:** 팀스페이스에 대한 설정을 할 수 있습니다.
- **멤버 추가:** 팀스페이스 멤버를 빠르게 추가할 수 있습니다.
- **팀스페이스 나가기:** 해당 팀스페이스에 참여하고 있는 경우 이탈할 수 있습니다.
- **팀스페이스 보관:** 해당 팀스페이스를 보관 처리합니다. 보관을 할 경우 해당 팀스페이스는 비활성화되며 저장됩니다. 나중에 다시 해당 팀스페이스를 재활성화할 수 있습니다.

▶ 생성된 팀스페이스 설정 뜯어보기

앞서 소개한 기능 중 **[팀스페이스 설정]**을 살펴 보겠습니다. 팀스페이스 설정은 총 4가지 분야를 설정할 수 있습니다. 바로 기본 설정, 멤버, 사용권한, 보안입니다. 각각의 메뉴를 보며 팀스페이스를 어떻게 쓸 수 있을지 생각해봅시다.

설정: 기본 설정을 할 수 있는 메뉴입니다. 팀스페이스의 이름, 설명, 아이콘 등을 바꿀 수 있으며 팀 페이스 보관 처리를 할 수 있습니다.

멤버: 새로운 멤버를 추가하거나 팀스페이스 소유자를 설정할 수 있습니다. 또한 [제거]를 클릭해 기존 멤버를 제거할 수 있습니다.

사용 권한: 팀스페이스에 참여할 수 있는 멤버를 설정하고 범위를 지정할 수 있습니다. 또한 단순히 해당 팀스페이스에 초대나 권한을 부여하는 것이 아닌 팀스페이스에 초대할 수 있는 권한을 멤버들에게 줄 수 있습니다.

보안: 기존 Notion 설정의 보안설정 페이지에서 설정할 수 있었던 공유 비활성화, 게스트 초대 비활성화, 내보내기 비활성화를 설정할 수 있습니다.

> **깨알 tip** 설정을 원하는 팀스페이스 제목의 [⋯]을 클릭하고 **[멤버 추가]**를 선택하면 다음과 같이 별도의 팝업 창으로 멤버를 빠르게 추가할 수 있습니다.

또한 [팀스페이스 나가기] 버튼을 클릭해 언제든 소속된 팀스페이스를 나갈 수 있으며 [팀 페이스 보관]을 눌러 아래와 같은 팝업 창을 따라 진행하는 것으로 별도의 설정창을 들어가는 것 외에도 빠르게 원하는 조치를 취하는 방법이 있습니다.

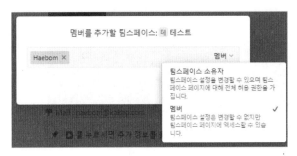

▶ 생성 중인 팀스페이스 확인 및 참가하기

사이드바의 팀스페이스 섹션에 표시되는 팀스페이스는 현재 사용자가 참가 중인 목록만 표시됩니다. 만약 현재 생성된 전체 팀스페이스를 확인하고 싶다면 팀스페이스 섹션에 있는 더 보기(…) 메뉴를 클릭한 후 [팀스페이스 찾아보기] 메뉴를 선택합니다.

▲ 팀스페이스 섹션에는 현재 참여 중인 팀스페이스 목록만 표시됩니다.

다음과 같이 사이드바가 모든 팀스페이스 목록으로 바뀌면 현재 참여 중인 팀스페이스 목록인 '나의 팀스페이스' 섹션과 생성되어 있지만 참여하고 있지 않은 '팀스페이스 더 보기' 섹션이 표시됩니다.

깨알 tip '팀스페이스 더 보기' 섹션에서는 [공개] 또는 [참가 제한]으로 생성한 팀스페이스 목록만 확인할 수 있습니다. 참여하고 있지 않은 팀스페이스 목록에서 [⋯]을 클릭하면 해당 팀스페이스에 참여 중인 멤버를 확인할 수 있고, [참여하기]를 누르면 해당 팀스페이스에 바로 참여할 수 있습니다. 단, [참가 제한]으로 생성된 팀스페이스는 [참여하기] 버튼이 표시되지 않습니다.

▲ [참가 제한] 팀스페이스는 자유롭게 참여할 수 없습니다.

Notion 05 협업에 효율적인 데이터베이스 활용 사례

Notion의 강력한 데이터베이스 기능은 Chapter 05에서 충분히 체감했을 것입니다. 또한 데이터베이스 기능 중에 사용자를 지정하는 사람 속성이 있음을 기억할 것입니다. 이는 협업에 최적화되어 있는 속성으로 회의록을 정리하거나, 프로젝트 담당자를 지정하는 등 다방면으로 활용할 수 있습니다. 담당자 지정 및 협업에서 Notion의 데이터베이스의 다양한 기능을 어떻게 활용하는지 살펴보겠습니다.

▶ 담당자 설정하기

데이터베이스에서 담당자를 지정하는 방법은 매우 간단합니다. 바로 사람 속성을 적용한 열을 추가하는 것입니다. Chapter 05에서 자세하게 설명했으므로, 구체적인 방법은 생략하겠습니다.

▲ 사람 속성 지정

사람 속성을 지정한 후 각 행에서 담당자를 지정하면 해당 사용자에게 알림이 전달됩니다. 또한 해당 담당자가 관련된 페이지에 변경 사항이 있을 때에도 사이드바의 [모든 업데이트]를 통해 변경 사항을 추적할 수 있습니다.

▶ 상태 설정하기

상태는 선택, 다중 선택만 있었던 데이터베이스에 협업을 위해 새롭게 추가된 속성입니다. 상태 속성은 기본적으로 할 일, 진행 중, 완료 세 가지로 그룹화되며 각 그룹에 하위 상태를 둘 수 있습니다. 당연히 그룹을 추가할 수 있고, 드래그&드롭으로 쉽게 그룹을 바꿀 수도 있습니다.

각 세부 상태 옆의 화살표를 클릭하면 이름을 바꾸거나 [기본으로 설정]을 눌러 새로운 페이지 생성 시 자동으로 배정되는 기본값을 설정할 수 있습니다. 또한 색상을 바꿔 조금 더 직관적으로 상태를 구분할 수 있습니다.

표시 옵션을 이용해 상태를 선택 상태 혹은 체크박스 형태로 관리할 수 있습니다. 우리 팀 혹은 프로젝트에 알맞은 방식으로 데이터베이스의 상태를 관리해보세요.

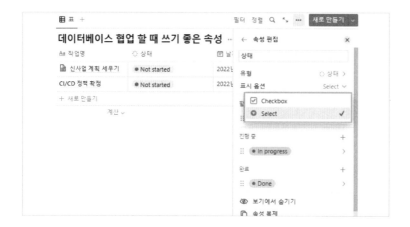

Notion 06 효과적인 협업을 위한 댓글, 토론, 멘션 사용하기

Notion이 Evernote와 비교하여 가장 큰 장점은 협업을 위한 기능들입니다. 이번에는 협업을 하기 위해 꼭 필요한 댓글, 멘션 등의 기능을 알아보고자 합니다. 팀원 간 논의, 업무 피드백 또는 누군가를 빨리 호출해야 하는 상황은 협업에서 자주 마주치는 일입니다. 이런 기능은 컴퓨터 앞에서뿐만 아니라 스마트폰, 태블릿 등 다양한 환경에서 활용할 수 있습니다.

▶ 의견을 남기고 싶을 땐 댓글 달기

댓글(Comment)은 자신의 의견을 남기고 싶을 때 혹은 사람들을 위한 설명을 남기거나 피드백을 받는 데 유용하게 사용하는 기능입니다. 댓글은 특정 블록 혹은 단어별로 달 수 있으며 방법은 매우 간단합니다.

페이지 내의 모든 블록 앞에 있는 메뉴 아이콘을 클릭한 후 [댓글]을 선택하거나 특정 텍스트를 드래그해서 선택하면 나타나는 팝업 창에서 [댓글]을 클릭하면 댓글 창이 열립니다. 스마트폰 애플리케이션의 경우, 키보드 위에 표시되는 작업 표시줄에서 말풍선 모양의 댓글 아이콘을 터치합니다.

댓글은 단축키 Ctrl + Shift + M 을 눌러서 간편하게 달 수도 있습니다. 이렇게 다양한 방법으로 댓글 창이 열리면 원하는 메시지를 입력한 후 [전송] 버튼을 클릭해야 등록됩니다. 댓글 창에 표시되는 @은 잠시 후 소개할 멘션 기능을 사용할 때 클릭하는 아이콘입니다.

댓글이 달린 블록에는 오른쪽 끝에 말풍선 아이콘이 표시되며, 아이콘을 클릭해서 해당 댓글을 확인하거나 추가 · 수정 · 삭제할 수 있습니다. 댓글 내용을 반영했거나 해당 내용이 이미 종료된 이슈라면 **[해결]** 버튼을 클릭하여 해당 댓글을 닫을 수 있습니다. 해결 기능은 댓글 삭제와는 다르며 해결된 이슈라는 의미를 가지고 있습니다. 삭제는 **[…]** 버튼을 통해 수정 옵션과 함께 사용할 수 있습니다. 또한 이모지 버튼을 통해 동료의 코멘트에 반응을 남길 수도 있습니다.

▶ 특정 사용자를 호출하는 멘션 달기

댓글이 특정 내용에 대해 첨언을 하는 기능이라면 멘션은 특정인을 호명하는 기능입니다. 지금 혹은 이후에 이 페이지, 이 블록을 다른 사용자가 확인하게끔 하기 위해 멘션을 사용합니다. 멘션은 여러분이 자주 사용하는 SNS의 @와 같은 방법으로 사용됩니다. @를 입력하고 현재 페이지를 공유해서 협업하고 있는 사람의 이름 혹은 아이디를 입력하면 멘션을 보낼 대상자를 지정할 수 있습니다.

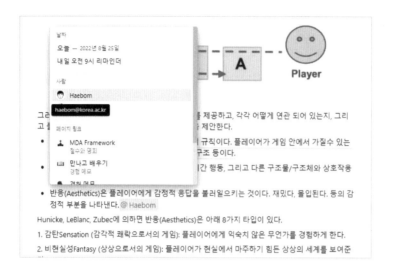

그리 ... 를 제공하고, 각각 어떻게 연관 되어 있는지, 그리
고 ... 제안한다.

- ... 규칙이다. 플레이어가 게임 안에서 가질수 있는
  ...구조 등이다.

- ...간 행동, 그리고 다른 구조물/구조체와 상호작용

- 반응(Aesthetics)은 플레이어에게 감정적 응답을 불러일으키는 것이다. 재밌다, 몰입된다. 등의 감
  정적 부분을 나타낸다. @ Haebom

Hunicke, LeBlanc, Zubec에 의하면 반응(Aesthetics)은 아래 8가지 타입이 있다.

1. 감탄Sensation (감각적 쾌락으로서의 게임): 플레이어에게 익숙치 않은 무언가를 경험하게 한다.

2. 비현실성Fantasy (상상으로서의 게임): 플레이어가 현실에서 마주하기 힘든 상상의 세계를 보여준

멘션을 통해 특정인을 호명하면 호명된 사용자에
게 10초 이내에 관련 페이지와 블록에 대해 알림
이 전달됩니다. 이 알림 방법은 호명된 사용자가
설정해놓은 방법에 따라 전달됩니다(이메일, 모
바일, 데스크톱 등). 만약 알림을 꺼놓아도 [모든
업데이트]와 히스토리에 기록이 남아 확인할 수 있
습니다.

멘션 기능은 토론, 댓글 등과 함께 사용하면 더
효과적입니다. 스마트폰 애플리케이션에서는 키
보드 상단에 있는 작업 표시줄에 있는 [@] 아이콘
을 터치해서 이용합니다.

▲ 스마트폰 멘션 아이콘

▶ 광범위한 의견을 제시할 때 토론 사용하기

토론 기능은 페이지 전체에 대한 논의가 필요할 때 유용합니다. 페이지 제목 위에 마우스 커서를 옮기면 [댓글 추가]가 표시됩니다. 이 버튼을 클릭하면 토론을 시작할 수 있습니다.

토론 안에서도 멘션 기능을 사용해서 논의의 대상이 될 사용자를 호출할 수 있습니다. [해결] 버튼을 클릭해서 토론을 종료할 수 있으며, 더 보기(⋯) 아이콘을 클릭한 후 하위 메뉴를 선택해서 수정·삭제할 수 있습니다. 쉽게 말해 '페이지에 대한 댓글 달기'라고 표현할 수 있습니다.

Notion
07

Notion의 활용도를 높여주는
서드파티 앱

Notion은 문서를 작성하고 프로젝트를 관리하는 협업 툴이지만 디자인이 예쁘고 공유하기도 쉬워 개인 블로그나 홈페이지로 활용할 수 있습니다. 기존 블로그나 홈페이지에서는 방문자와의 소통이나 방문자 수의 파악이 가능하지만, Notion은 해당 기능을 지원하고 있지 않습니다. 하지만 서드파티 앱을 이용하면 해당 기능을 간단히 사용할 수 있습니다. 서드파티 앱을 통해 어떤 기능을 사용할 수 있는지 하나씩 살펴보시죠.

▶ 페이지 방문자 수를 확인할 수 있는 Hits

개인 블로그나 홈페이지를 만들었을 때 가장 보고 싶은 것은 우리 사이트에 얼마나 많은 방문자가 들어왔는지 방문자 수를 파악하는 것입니다. Hits라는 서비스를 이용하면 각 페이지별로 간단하게 방문자수를 파악할 수 있습니다.

01 방문자 수를 파악하고 싶은 Notion 페이지에 접속하여 [공유] – [게시] – [웹에 게시]를 클릭하고 [웹 링크 복사]를 클릭해 링크를 복사합니다.

02 Hits 웹사이트(https://hits.seeyoufarm.com)에 접속합니다. 스크롤을 내려 TARGET URL 입력란에 복사한 Notion 링크를 붙여넣습니다.

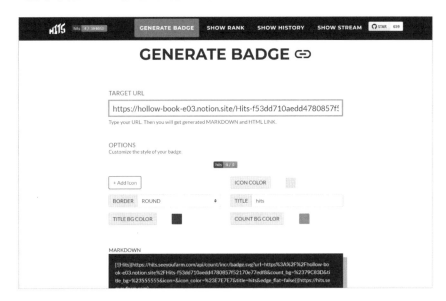

03 EMBED URL (NOTION)에 있는 링크를 복사합니다.

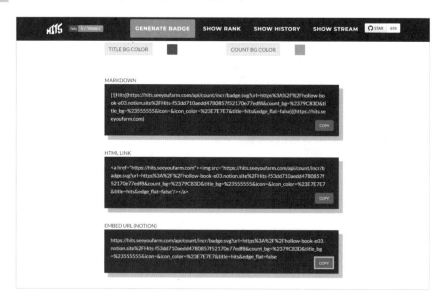

04 Notion 페이지에 돌아와서 해당 링크를 붙여넣고 [이미지 임베드]를 선택합니다.

페이지 방문자 수를 확인할 수 있는 Hits

https://hits.seeyoufarm.com/api/count/incr/badge.svg?url=https%3A%2F%2Fhollow-book-
e03.notion.site%2FHits-
f53dd710aedd4780857f52170e77edf8&count_bg=%2379C83D&title_bg=%23555555&icon=&icon
_color=%23E7E7E7&title=hits&edge_flat=false

> 해제
> **이미지 임베드**
> 북마크 생성

05 방문자 수를 확인할 수 있는 이미지가 나타납니다. 마우스를 올리면 나타나는 바(Bar)를 이용해 이미지의 크기를 조절합니다.

> **깨알 tip** 왼쪽 숫자는 오늘 방문자 수, 오른쪽 숫자는 모든 방문자 수를 나타냅니다. Hits는 한 사람이 여러 번 들어와도 모두 카운트가 올라갑니다.

▶ Notion 계정이 없어도 댓글을 남길 수 있는 Joey

블로그라면 방문자와 소통이 필요합니다. 하지만 Notion은 계정이 있는 사람에 한해 페이지 최상단에 토론을 추가하거나 본문에 댓글을 남길 수 있죠. 그래서 Notion을 쓰지 않는 사람이 Notion으로 만든 블로그 페이지에 들어가면 텍스트 가독성이 떨어져 읽기 불편하고 사용하기 어렵습니다. Joeynotion을 이용하면 Notion에 가입하지 않아도, 본문에 댓글을 남기지 않고 원하는 공간에만 댓글을 남길 수 있게 됩니다.

01 Joey 웹사이트(https://joey.team)에 접속하고 오른쪽 상단 [시작하기] 버튼을 클릭해 로그인합니다. 구글 계정을 이용하면 별다른 절차 없이 바로 로그인할 수 있습니다.

02 로그인 후 다음과 같은 Dashboard 화면이 열리면 왼쪽에 있는 [+ 블록 만들기] 버튼을 클릭합니다. 만들어 놓은 블록이 있다면 아래에 표시됩니다.

03 사용할 수 있는 Joey 블록 목록이 표시되면 [New Comment Block]을 클릭합니다.

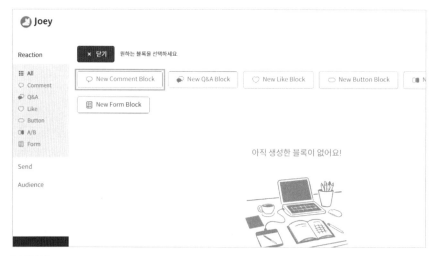

깨알 tip Comment Block과 같은 방법으로 만들 수 있는 Poll Block는 투표 블록으로 만족도 조사, 후보 선택 등 다양한 용도로 활용할 수 있습니다.

04 이름 및 기능 옵션을 설정한 후 스크롤을 내려 [링크 확인하기] 버튼을 클릭합니다. 여러 댓글 블록을 만들었을 때 어떤 페이지에 있는 블록인지 파악하는 용도이므로 페이지 이름이나 본인이 기억할 수 있는 이름을 지정해주면 좋습니다.

05 팝업 창이 나타나면 URL에 있는 [복사] 아이콘을 클릭합니다.

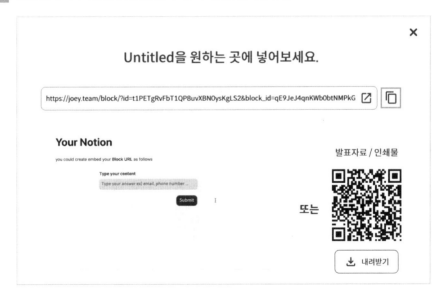

06 Joey 댓글 블록 기능을 배치할 Notion 페이지에 들어가서 링크를 붙여넣고(Ctrl + V) [임베드 생성]을 클릭합니다.

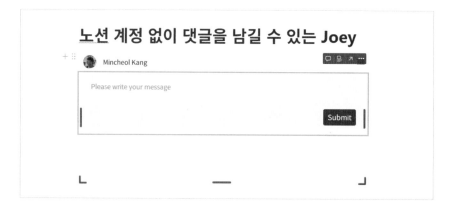

07 익명으로 댓글을 남길 수 있는 블록이 생성됩니다.

→ 한 걸음 더
Notion 공식 API 지원 툴 사용하기

2021년부터 Notion이 공식적으로 API를 공개함에 따라 Github, Figma, Zoom, OneDrive 등 다양한 서비스들과 Notion을 연결할 수 있게 되었습니다. 이 서비스는 Notion 공식 홈페이지의 [프로덕트] – [연결]이라는 메뉴를 통해 접속할 수 있으며 다음 주소로 직접 접속하는 방식도 있습니다.

- https://www.notion.so/ko-kr/integrations/all

해당 페이지는 매 분기를 기준으로 업데이트되니 필요한 서비스와 Notion을 연결해보세요.

내부적으로 개발이 가능한 상황이면 Notion에서 제공하는 API를 통해 직접 Notion과 자신들의 서비스를 연결하는 도구를 만들 수도 있습니다. 이 경우 해당 페이지 하단의 [시작하기] 버튼을 눌러 직접 개발을 통해 맞춤형 서비스를 만드는 방법도 있습니다.

자주 묻는 질문

▶ **Notion을 오프라인 모드로 이용하려면 어떻게 하나요?** 오프라인 상태에서 접속하고 싶은 페이지를 온라인 상태에서 들어가면 페이지 캐시 데이터를 기기에 저장하여 오프라인에서 편집이 가능합니다. 즉, 최근에 사용한 Notion 페이지의 경우에 오프라인에서 작업이 가능합니다. 온라인 상태가 되면 오프라인 상태에서 변경한 내용이 자동 동기화됩니다.

▶ **리마인더 반복 설정 기능이 있요?** 일반 텍스트에서 @로 생성하는 리마인드의 경우, 반복 설정 기능이 없습니다. 다만 데이터베이스의 날짜 속성을 활용하면 원하는 일정에 맞게 반복 알람을 설정할 수 있습니다.

▶ **이모지는 어떻게 사용하나요?** :을 입력하고 이모지 이름을 한글로 검색해보세요. 예를 들어 :**불**이나 :**별**을 입력하면 됩니다. 또는 /이모지를 입력하면 이모지를 선택하는 팝업 창이 나타납니다.

▶ **여러 창을 띄워놓고 Notion을 사용할 수 없나요?** 새로운 창으로 띄우고 싶은 페이지를 Ctrl (Cmd)을 누른 채 클릭하거나 Ctrl (Cmd)+Shift+N 을 누르면 새로운 창을 띄워 여러 창으로 Notion을 사용할 수 있습니다.

▶ **팀 요금제와 기업 요금제의 차이점은 무엇인가요?** 기업 요금제를 사용하면 Notion에 저장된 모든 콘텐츠를 PDF로 저장할 수 있고, 더 강력한 보안 기능을 사용할 수 있으며, 버전 기록을 30일이 아닌 무기한으로 제공합니다. 또한 100명 이상이 사용하는 경우 전담 직원이 붙어 Notion에 대해 도움을 주거나 문제를 해결해줍니다.

▶ **할인을 제공하나요?** 스타트업(bit.ly/notion_startups)과 학생(bit.ly/notion_students)에게 할인을 제공하고 있습니다.

▶ **로그인 비밀번호를 변경할 수 있나요?** 왼쪽 사이드바에서 [설정과 멤버] – [내 계정]에서 비밀번호를 변경할 수 있습니다.

▶ **업로드할 수 있는 파일, 이미지, 동영상 크기에 제한이 있나요?** 무료 요금제는 파일당 5MB까지, 유료 요금제는 무제한으로 업로드할 수 있습니다. 단, 개별 파일당 5GB의 제한이 있습니다.

▶ **Notion 링크를 다른 도메인으로 변경할 수 있나요?** 공식적으로 지원하지 않고 있지만 호스팅 업체나 외부 서비스들을 이용해 리다이렉트할 수 있습니다.

▶ **다양한 활용 사례를 볼 수 있는 곳이 있나요?** 국내 최대 한국 사용자 모임(https://bit.ly/NotionContents)과 한국 템플릿 갤러리(https://bit.ly/notion_korean_template)에 업로드된 모든 꿀팁과 사례들을 모아두었습니다.

찾아보기

Notion AI 사용하기

Notion AI는 인공지능 기술을 활용하여 사용자들이 작업을 더 쉽고 빠르게 수행할 수 있도록 도와주는 도구입니다. 문서 작성, 맞춤법 검사, 어조 변경부터 다양한 문서를 편집하고 검토할 수 있는 편리한 기능을 제공합니다.

Notion AI는 사용자 질문과 현재 페이지의 정보를 기반으로 텍스트 응답을 제공합니다. 다음과 같이 상황에 따라 필요한 작업을 Notion AI에게 요청할 수 있습니다.

- 기존 콘텐츠를 개선하고 싶다면 원하는 부분을 선택합니다. 그런 다음 [AI에게 요청]을 클릭하고 팝업 메뉴에서 원하는 기능을 선택합니다.

- 페이지 내용을 요약하거나 인사이트를 얻고 싶다면 /ai를 입력한 후 [AI에게 요청]을 선택(Ctrl + J)하거나 사용할 AI 블록을 선택합니다.

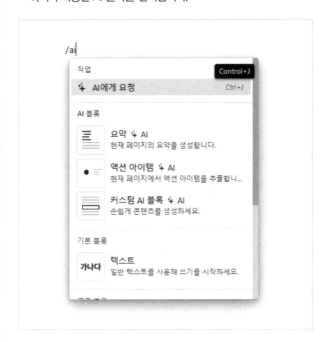

▶ AI에게 요청하기

텍스트를 선택하고 [AI에게 요청]을 클릭하면 팝업 메뉴가 나타납니다. 여기서 '선택 부분에서 생성' 영역에 있는 메뉴를 이용하면 선택한 내용을 빠르게 요약할 수 있으며, 다른 언어로 번역하거나, Notion AI가 분석한 설명글을 확인할 수 있습니다.

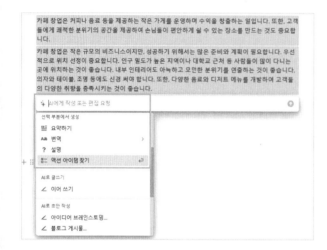

▶ 페이지 관리를 위한 Notion AI

Ctrl + J를 눌러 Notion AI를 실행한 후 팝업 메뉴 중 '페이지에서 생성'과 '페이지 편집 또는 검토' 영역에 있는 메뉴를 이용하면 현재 페이지를 보다 정교하게 완성하거나 손쉽게 편집할 수 있습니다.

우선 '페이지에서 생성' 영역에 있는 메뉴를 이용하면 현재 페이지의 내용을 요약하거나 원하는 나라의 언어로 번역할 수 있으며, AI가 분석한 현재 페이지의 설명을 확인할 수 있습니다.

'페이지 편집 또는 검토' 영역에서는 현재 페이지에 작성된 내용을 토대로 내용을 업그레이드하거나 맞춤법 검사, 어조 변경 등을 일괄 빠르게 처리할 수 있습니다. Notion에서 페이지를 완성한 후 수정, 검토하는 과정을 보다 효율적이고 빠르게 처리할 수 있게 된 것입니다.

▶ AI로 초안 작성

Notion AI를 이용하면 사용자가 입력한 내용을 분석하고, 자동으로 관련 정보를 수집하며, 이를 기반으로 초안을 작성할 수 있습니다. Ctrl + J 를 누른 후 'AI로 초안 작성' 영역에 있는 메뉴를 선택하거나 초안의 근거가 될 텍스트가 입력되어 있다면 해당 텍스트를 드래그해서 선택하고 [AI에게 요청]을 클릭한 후 메뉴를 선택합니다.

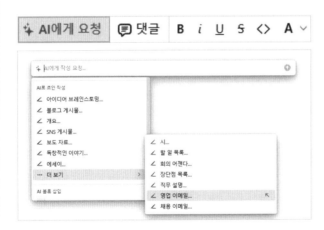

위와 같이 아이디어 브레인스토밍부터 에세이까지 다양한 초안 종류를 선택할 수 있습니다. 이러한 초안의 종류는 지속적으로 추가될 예정입니다.

▶ Notion AI를 조금 더 잘 사용하는 방법

/AI를 입력한 후 Enter 를 누르거나 Ctrl + J 를 눌러 [AI에게 요청]을 실행한 다음에는 팝업 메뉴에서 원하는 기능을 선택해도 되지만 'AI에게 작성 요청' 입력란에 원하는 질문이나 명령을 직접 작성할 수 있습니다. 이때 원하는 결과물을 얻으려면 좀 더 구체적으로 명령 메시지를 입력하는 것이 좋습니다. 명령을 입력하는 몇 가지 팁을 소개합니다. 무엇보다 한 번 얻은 결과물은 그것으로 끝이 아니고, 계속해서 수정 요청을 할 수 있다는 점도 기억해 주세요!

- 구체적인 목표와 목적이 필요합니다. Notion AI가 무엇을 해주길 원하는지 최대한 구체적이고 명확하게 작성합니다.

- 구체적이고 명확하게 명령을 작성할수록 Notion AI는 사용자의 요청을 정확하게 이해하고 보다 정확한 결과물을 제공합니다.

- 가능한 많은 정보를 제공해주세요. 결과물과 관련된 배경 정보, 키워드, 원하는 결과물의 길이나 어조 등 조건이 다양할수록 좋습니다.

- 단순한 단어나 문장이 좋습니다. 지나치게 복잡한 언어나 전문 용어는 피하는 것이 좋습니다.

예를 들어 '카페를 트위터에 홍보할 문구를 작성해줘'보다는 '생과일주스가 유명한 카페를 트위터 게시글 형태로 친근한 어조로, 해시태그 3~5개 포함, 총 280자 미만으로 소개해줘'가 더 좋은 명령입니다.